OBERBAYERN
aktiv sein und schlemmen

Michael Reimer
Katrin Susanne Baur

frischluft | EDITION

Es ist soweit: Nach nur drei Jahren geht unser Freizeitführer *aktiv sein und schlemmen* bereits in die dritte Auflage. Offenbar gibt es in jeder Altersgruppe viele Genießer, die ihren Ausflug gerne mit Bewegung an frischer Luft und gutem Essen kombinieren. Im Sommer schwingt man sich auf sein Rad, schnürt die Wanderstiefel und sucht bei Gelegenheit Abkühlung im einladenden See; im Winter ist Langlauf, Rodeln, Skifahren und Wandern angesagt. Und ganz wichtig: Stets rundet eine exklusive Einkehr unmittelbar im Zielgebiet den Ausflug ab. Zur Auswahl stehen urige Hütten, Bauernhöfe und Almen sowie Restaurants, Gasthäuser und Gourmetlokale.

Erneut haben wir in der aktualisierten Neuauflage einige Einkehren und Tourenvorschläge durch neue ersetzt. Einerseits ist die Gastronomie eine schnelllebige Branche, andererseits sind wir bestrebt, unsere Ausflugstipps stets zu optimieren. Dazu zählt auch, die ein oder andere sportliche Betätigung mit neuen, lebendigeren Fotos zu versehen, weil bei unserer ersten Recherche vor drei Jahren nicht immer das Wetter mitgespielt hatte.

Die stets wiederkehrenden Gammelfleisch-Skandale bestärken uns in unserem Konzept, auf jene Gastronomen zu setzen, bei denen die Herkunft der Ware nachvollziehbar ist. Die meisten unserer Wirte beziehen ihre Kochzutaten ausschließlich von regionalen Bauern, Jägern und Fischern und bürgen somit für Frische und Qualität der Speisen. Doch auch die Wohlfühlatmosphäre ist uns wichtig: Der Gast soll nicht nur schmecken, dass die Speisen frisch und gekonnt zubereitet sind, sondern auch spüren, dass er willkommen ist. Und er soll mit der Gewissheit nach Hause gehen, dass das Preis-Leistungsverhältnis stimmt.

Natürlich bleibt eine Auswahl und Klassifizierung von Touren und Einkehren immer subjektiv. Köche und Service wechseln von Zeit zu Zeit, die Tagesform kann schwanken. Doch obwohl wir keine Gourmettester sind – ob ein Essen frisch zubereitet ist oder aus der Dose kommt, wissen wir sehr wohl einzuschätzen. Immerhin haben wir jede Lokalität eigens getestet und uns ausführlich mit der Chefin oder dem Chef des Hauses unterhalten. Aus diesen Gesprächen schöpfen wir Hintergrundwissen, von dem Sie als Leser bei Ihren Ausflügen profitieren können.

Erholsame (Schlemmer-)Tage in Oberbayern wünschen

Katrin Susanne Baur und Michael Reimer im April 2008

Frisches Gemüse vom eigenen Feld

Radlerin an der Wallfahrtskapelle Mariabrunn

Inhaltsverzeichnis | Regionen

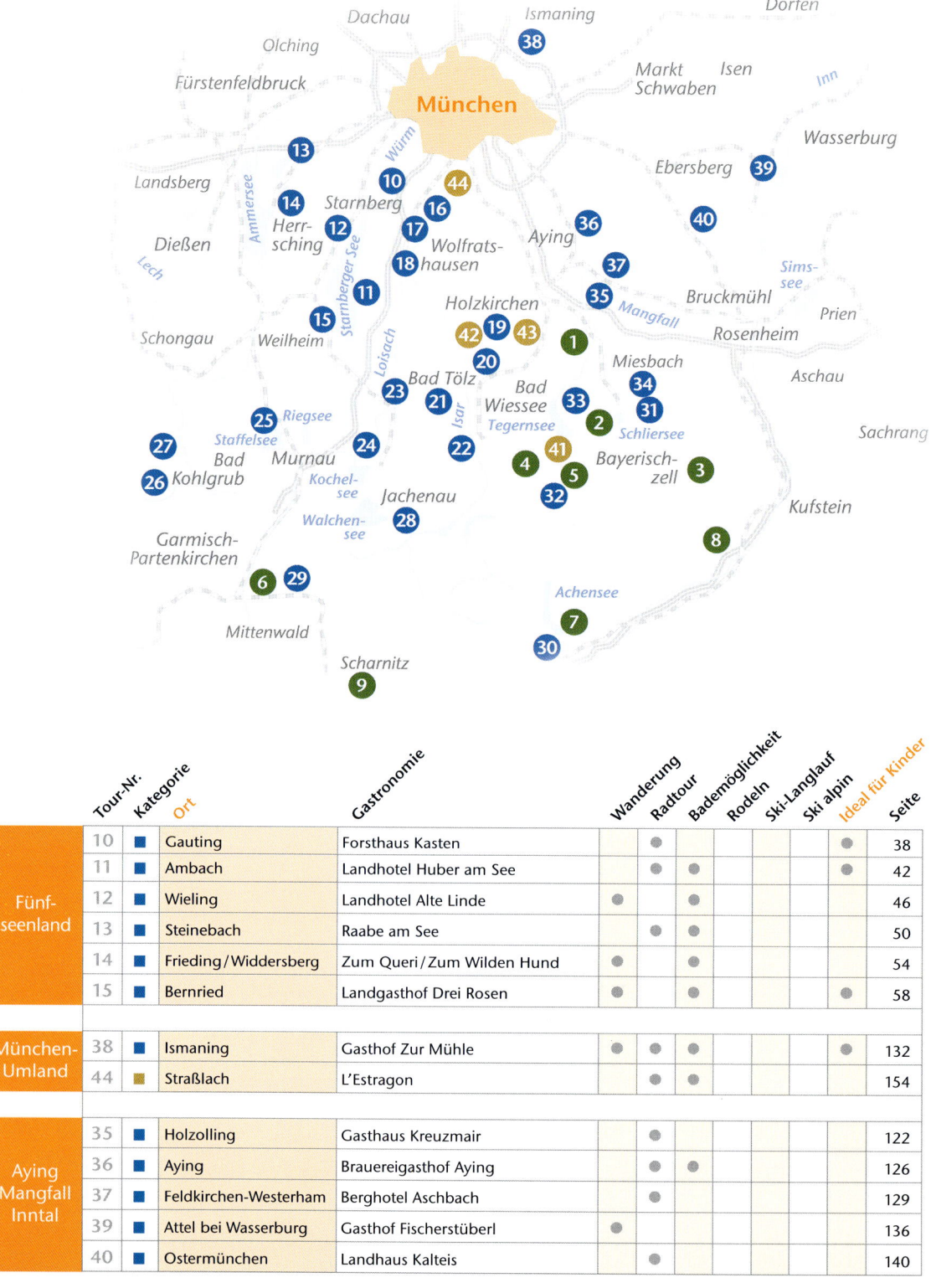

	Tour-Nr.	Kategorie	Ort	Gastronomie	Wanderung	Radtour	Bademöglichkeit	Rodeln	Ski-Langlauf	Ski alpin	Ideal für Kinder	Seite
Fünf-seenland	10	■	Gauting	Forsthaus Kasten		●					●	38
	11	■	Ambach	Landhotel Huber am See		●	●				●	42
	12	■	Wieling	Landhotel Alte Linde	●		●					46
	13	■	Steinebach	Raabe am See		●	●					50
	14	■	Frieding / Widdersberg	Zum Queri / Zum Wilden Hund	●		●					54
	15	■	Bernried	Landgasthof Drei Rosen	●		●				●	58
München-Umland	38	■	Ismaning	Gasthof Zur Mühle	●	●	●				●	132
	44	■	Straßlach	L'Estragon		●	●					154
Aying Mangfall Inntal	35	■	Holzolling	Gasthaus Kreuzmair		●						122
	36	■	Aying	Brauereigasthof Aying		●	●					126
	37	■	Feldkirchen-Westerham	Berghotel Aschbach		●						129
	39	■	Attel bei Wasserburg	Gasthof Fischerstüberl	●							136
	40	■	Ostermünchen	Landhaus Kalteis		●						140

Tour-Nr.	Kategorie	Ort	Gastronomie	Wanderung	Radtour	Bademöglichkeit	Rodeln	Ski-Langlauf	Ski alpin	Ideal für Kinder	Seite
		Tegernsee Schliersee									
1	■	Oberwarngau	Berggasthaus Taubenberg	●	●					●	8
2	■	Schliersee	Bauernhofcafé Hennerer	●	●	●				●	11
3	■	Flintsbach	Berggasthof Hohe Asten	●			●			●	14
4	■	Wildbad Kreuth	Tegernseer Hütte	●	●					●	18
5	■	Rottach-Egern	Wallbergmoosalm	●			●			●	21
31	■	Fischbachau	Klosterstüberl	●				●			109
32	■	Wildbad Kreuth	Wirtshaus Altes Bad	●						●	112
33	■	Gmund am Tegernsee	Ostiner Stuben	●	●		●	●	●	●	116
34	■	Elbach	Schmiedwirt	●				●			119
41	■	Rottach-Egern	Maiwerts Fährhütte	●		●					144
		Tölzer Land									
16	■	Egling	Bruckenfischer	●		●				●	62
17	■	Irschenhausen	Landgasthof Rittergütl		●		●			●	65
18	■	Eurasburg	Sprengenöder Alm	●			●		●	●	68
19	■	Dietramszell	Klosterschänke		●			●			71
20	■	Kirchbichl	Gasthaus Jägerwirt		●	●					74
21	■	Bad Tölz	Tölzer Schießstätte	●			●		●	●	78
22	■	Lenggries / Schlegldorf	Der Schweizer Wirt	●					●		81
23	■	Penzberg	Gasthaus Schönmühl	●	●					●	84
24	■	Schlehdorf	Landgasthaus Fischerwirt		●	●		●		●	87
28	■	Jachenau	Gasthof Zur Post	●	●			●			100
42	■	Hechenberg	Moarwirt		●						148
43	■	Sachsenkam	Auberge Moar Alm		●	●		●			151
		Werdenfelser Land									
6	■	Garmisch	Alpengasthof Gschwandtnerbauer	●			●				24
25	■	Uffing	Restaurant Alpenblick	●	●	●				●	90
26	■	Altenau	Forsthaus Unternogg		●	●		●			94
27	■	Saulgrub	Landgasthof Beim Kargl		●	●				●	97
29	■	Klais	Gasthof-Café Sonnenhof	●		●					103
		Tirol									
7	■	Maurach	Berggasthof Rofan	●		●			●		27
8	■	Thiersee	Kala-Alm	●		●	●			●	30
9	■	Scharnitz	Halleranger Alm	●	●						34
30	■	Pertisau	Dorfwirt	●		●		●	●		106

Index	158
Impressum / Bildnachweis	160

Inhaltsverzeichnis | Gastronomie

Bauernhöfe und Hütten

Gasthäuser

Gourmetlokale

Tour-Nr.	Ort	Gastronomie	Bio-Küche	Ideal zum Feiern	Übernachtung	Rezept	Seite
1	Oberwarngau	Berggasthaus Taubenberg	●				8
2	Schliersee	Bauernhofcafé Hennerer	●	●	●		11
3	Flintsbach	Berggasthof Hohe Asten					14
4	Wildbad Kreuth	Tegernseer Hütte			●		18
5	Rottach-Egern	Wallbergmoosalm				Kartoffelzwuller	21
6	Garmisch	Gschwandtnerbauer					24
7	Maurach	Berggasthof Rofan			●		27
8	Thiersee	Kala-Alm			●	Speckknödel	30
9	Scharnitz	Halleranger Alm			●		34
10	Gauting	Forsthaus Kasten	●	●		Hirschrouladen auf Wirsing	38
11	Ambach	Landhotel Huber am See		●	●	Ambacher Fischsupperl	42
12	Wieling	Landhotel Alte Linde	●	●	●		46
13	Steinebach	Raabe am See		●		Seesaibling in der Papillote	50
14	Frieding / Widdersberg	Zum Queri / Zum Wilden Hund		●	●		54
15	Bernried	Landgasthof Drei Rosen			●		58
16	Egling	Bruckenfischer		●		Warmgeräucherter Lachs	62
17	Irschenhausen	Landgasthof Rittergütl		●			65
18	Eurasburg	Sprengenöder Alm	●		●		68
19	Dietramszell	Klosterschänke		●	●	Feine Kalbsleber	71
20	Kirchbichl	Gasthaus Jägerwirt		●			74
21	Bad Tölz	Tölzer Schießstätte				Tafelspitz	78
22	Lenggries / Schlegldorf	Der Schweizer Wirt		●			81
23	Penzberg	Gasthaus Schönmühl				Bayerischer Schweinsbraten	84
24	Schlehdorf	Landgasthaus Fischerwirt			●		87
25	Uffing	Restaurant Alpenblick	●	●			90
26	Altenau	Forsthaus Unternogg					94
27	Saulgrub	Landgasthof Beim Kargl				Bärlauchknödel	97
28	Jachenau	Gasthof Zur Post			●	Gefülltes Schweineschnitzel	100
29	Klais	Gasthof-Café Sonnenhof			●		103
30	Pertisau	Dorfwirt			●		106
31	Fischbachau	Klosterstüberl		●			109
32	Wildbad Kreuth	Wirtshaus Altes Bad		●		Käsekuchen ohne Boden	112
33	Gmund am Tegernsee	Ostiner Stuben		●			116
34	Elbach	Schmiedwirt				Alt Wiener Kartoffelsuppe	119
35	Holzolling	Gasthaus Kreuzmair		●		Rapunzelrahmsuppe	122
36	Aying	Brauereigasthof Aying		●	●	Tomaten Krebsschwanzsülze	126
37	Feldkirchen-Westerham	Berghotel Aschbach		●	●	Mille feuille vom Lachs	129
38	Ismaning	Gasthof Zur Mühle		●			132
39	Attel bei Wasserburg	Gasthof Fischerstüberl		●	●	Buddhagemüse mit Garnelen	136
40	Ostermünchen	Landhaus Kalteis					140
41	Rottach-Egern	Maiwerts Fährhütte		●		Dreierlei von der Jakobsmuschel	144
42	Hechenberg	Moarwirt	●	●	●	Sauerrahmschmarrn	148
43	Sachsenkam	Auberge Moar Alm		●		Himbeeren im Sektgelee	151
44	Straßlach	L'Estragon		●		Poularde aux Gambas	154

Bauernhöfe
und Hütten

Aktivität: Wanderung | Gastronomie: Biokost

Glückliche Tiere, glückliche Kinder

Wanderung von Oberwarngau zum Taubenberg

Viele Ausflügler würdigen den Taubenberg auf dem Weg zum Tegernsee keines Blickes. Ziemlich fahrlässig. Denn in Nähe des zugegeben unscheinbaren Gipfels verbirgt sich nicht nur das üppigste Trinkwasserreservat Münchens, sondern mit dem *Berggasthaus Taubenberg* auch eine überraschend gute Einkehr.

Von Oberwarngau zum Taubenberg

Ruth und Michi mit viel Schwung beim Wandern nach der Einkehr im Berggasthaus Taubenberg

Möglichkeiten, dieses schöne Fleckchen Erde zu erreichen, gibt es viele, unter anderem kann man mit dem Auto auf dem Fahrweg bis nach oben fahren. Lohnend ist aber auch der Aufstieg von Oberwarngau. Vom kleinen Parkplatz wandert man ein kleines Stück zurück Richtung Ort und biegt dann rechts in die Straße Am Bergfeld ein. Dann geht es am Friedhof vorbei auf beschilderter Route durch schönen Wald zur Wallfahrtskapelle Nüchternbrunn, ein reizvoller Ort zum Verweilen. Jenseits der Kapelle wandert man an den sieben Wassern im Farnbachtal vorbei und erreicht nach kurzem Gegenanstieg die sonnigen Hügelkuppen. Von den freien Weiden ist es nur noch ein Katzensprung bis zum *Berggasthaus Taubenberg*.

Tier- und Spielparadies für Kinder

Eine der sieben Hofkatzen schleicht dem Neuankömmling bald über den Weg. Auch die eifrig pickenden Hennen sind zur warmen Jahreszeit rasch auszumachen. Der Enten- und Gänsepulk trifft sich mit den Bronzeputen mit Vorliebe am Weiher zum Baden. Die Schweinderl der vom Aussterben bedrohten Schwäbisch-Hällischen Rasse quieken im nahen Gehege um die Wette. Milchkälber, Jungrinder und der Ochse laben sich an den frischen Wiesenkräutern. Und die süßen Ponys warten auf Streicheleinheiten von den Kindern.

Kinder gibt es an manchen Tagen noch mehr als Tiere auf dem Hof. Allein die Gastgeber Monika und Hans Maurer haben drei Mädls und einen Buben. Letzterer heißt Ludwig und ist elf Jahre alt. Zur Schule geht er nicht besonders gerne, warum auch sollte er seine gigantische Spielwiese gegen die lästige Lernerei eintauschen. Irgendetwas Spannenderes als Schule gäbe es für ihn rund um den Hof immer zu entdecken. Und sei es die Bobrinne am Hofhang, die der Papa im Winter von Zeit zu Zeit fräst. Ob ihm die anderen Schulkin-

der auf Dauer nicht fehlen würden? Blöde Frage angesichts dreier Geschwister und einer Schar voller Gästekinder an den sonnigen Ausflugstagen.

	Aktivität	Wanderung
	Gehzeit	3 Stunden
	Höhenmeter	200

Route	Oberwarngau – Wallfahrtskapelle Nüchternbrunn – *Berggasthaus Taubenberg* – Taubenberg – Oberwarngau
Anfahrt	
ÖVM	A8 München Ausfahrt Holzkirchen, B318 Richtung Tegernsee bis Oberwarngau, im Ortszentrum links in die Lindenstraße bis zum kleinen Parkplatz an der Bachbrücke.
Charakter	Einfache Wanderung auf breiten Wegen vorwiegend durch Wald. Schlüssel für die Turmbesteigung gegen Pfand beim *Berggasthof*.
Wegweiser	Der Taubenberg und die Wallfahrtskapelle sind gut beschildert.

 Mit Kleinkindern Anfahrt bis zum *Berggasthof* und am Taubenberg eine kleine Runde drehen

 Mit dem Fahrrad auf dem München-Wasserradweg durch das Mangfalltal über Gotzing oder von Holzkirchen über Osterwarngau bzw. Reitham (Forstwege)

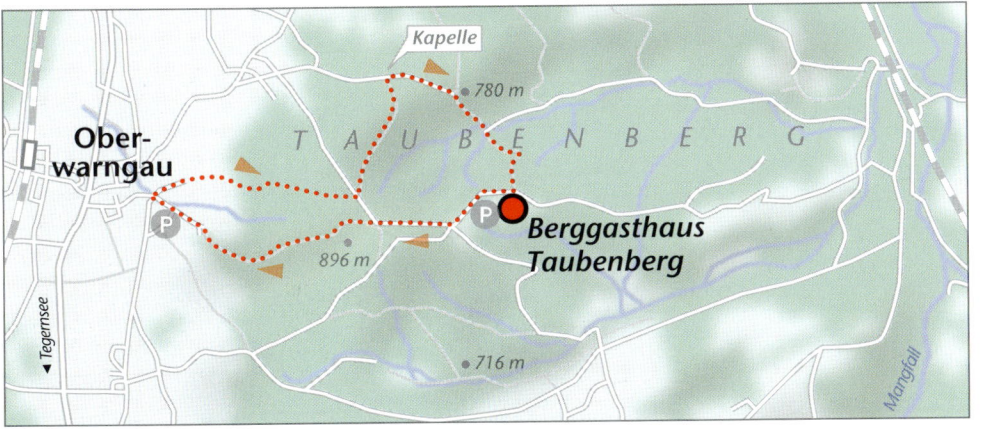

Aktivität: Wanderung | Gastronomie: Biokost

Inhaber	Hans und Monika Maurer
Küchenchefin	Monika Maurer
Adresse	Taubenberg 13 83627 Warngau
Telefon	08020-1705
E-Mail	berggasthaus@taubenberg.de
Web	www.taubenberg.de
geöffnet	April–Okt. Do–So und feiertags sowie Nov.–Anfang Dez. und Febr.–März Sa/So und feiertags bis Einbruch der Dunkelheit, im Sommer maximal bis 19 Uhr; Betriebsurlaub Aug. sowie Mitte Dez.–Ende Jan.
Zum Mitnehmen	hausgemachte Wurstwaren und Nudeln aus kontrolliert ökologischer Erzeugung, Walnuss- und Zitronenlikör
Schmankerltipp	Boeuf à la mode (7,90 €), Kartoffelauflauf mit Kräuterquark und Salat (7,50 €), Kindergerichte für 2,50–3,50 €, alle Speisen auch als halbe Portionen erhältlich

Hochwertige Bioschmankerl

Wo so viele Kinder im Haus sind, richten die Eltern naturgemäß ihren Alltag nach dem Wohlergehen ihrer Kleinen. Das „Zwergerlessen" etwa steht seit 13 Jahren auf der Speisekarte, und das zu erschwinglichen Preisen. Jede Durchschnittsfamilie soll sich das Essen im Berggasthaus leisten können, so die Devise der Familie Maurer. Und das trotz der hochwertigen Qualität, die der Hof seit Jahren anbietet. Das Fleisch wird im Eigenbetrieb nach den strengen EU-Richtlinien der Bioverordnung verarbeitet. Die Limousin-Mutterkuhherde liefert in regelmäßigem Abstand gesunden Nachwuchs an Milchkälbern, Jungrindern und Ochsen. Selbst wenn Kühe und Schweine von Zeit zu Zeit geschlachtet und zu Würsten und Schinken verarbeitet werden, Mitleid ist fehl am Platz: So ein schönes Leben wie am Taubenberg genießen wenige Artgenossen. Dabei ist nicht alles Fleisch, was auf den Tisch

Die Wallfahrtskapelle Nüchternbrunn liegt idyllisch in einer Waldlichtung.

kommt. Jede Woche gibt es je nach Jahreszeit ein neues vegetarisches Gericht mit frischem Gemüse und knackigen Salaten der Saison. Und auch die hausgebackenen Obstkuchen und -torten sind vom Feinsten.

Es fällt jedenfalls schwer, dieses kleine Paradies wieder zu verlassen. Vom Berggasthaus folgt man dem Fahrweg zu Taubenberg und Aussichtsturm. Sofern man Zeit und Muße hat, den Schlüssel wieder zum Hof zurückzubringen, kann man den Turm besteigen. Alternativ steigt man auf direktem Weg durch den Wald nach Oberwarngau ab. Romantisch ist die Wanderung auch zur kalten Jahreszeit. Wir waren einst im November bei Mondschein unterwegs, nachdem wir den Aufenthalt im Berggasthaus mit zwei Walnussschnäpsen gekrönt hatten.

Aktivität: Bergwanderung oder Bike and Hike | Gastronomie: Brotzeiten aus eigenen Produkten, feine Kuchen und Torten

Brotzeit mit Wiesenkräutern

Bergwanderung von Neuhaus über die Bodenschneid nach Schliersee

Angelika Prem wirkt heiter und mit sich im Reinen, obwohl ihr die Arbeit eigentlich über den Kopf wachsen müsste. Fünf Kinder zu erziehen und den eigenen *Hennererhof* mit den Ferienwohnungen zu führen setzt ja einiges an Organisationstalent voraus. Doch dem täglichen Arbeitspensum zum Trotz hat die engagierte Kräuterpädagogin zusammen mit ihrem Mann Johann auch noch ein Café eröffnet. Hauptantrieb für diese neue Herausforderung ist die Vermarktung eigener Produkte. Die herzhafte Wurst etwa stammt vom Fleisch der hofeigenen Rinder und die Milchprodukte – Butter, Käse, Rahm und Frischmilch – sind wie das Dinkelbrot gar hausgemacht.

Wanderung auf die Bodenschneid

V om Bahnhof in Fischhausen-Neuhaus führt die Bodenschneid-
straße in das Dürnbachtal, in dem man auf dem Forstweg rasch an Höhe gewinnt. Später lichtet sich der Wald und sanfte Almweiden breiten sich aus. Hinter dem *Bodenschneidhaus* beginnt der Schluss-anstieg zum Gipfel der Bodenschneid: Der Steig führt anregend durch Sträucher und kleine Felsstufen im Nordschatten des Berges empor. Oben angekommen präsentieren sich die Tegernseer und Schlierseer Berge von ihrer schönsten Seite. Das Gipfelkreuz ist auf einem stattlichen Sockel befestigt und ragt somit auffällig in die Höhe.

Vom Gipfel der Bodenschneid genießt man den schönen Blick auf den Tegernsee.

Aktivität: Bergwanderung oder Bike and Hike | Gastronomie: Brotzeiten aus eigenen Produkten, feine Kuchen und Torten

Aktivität	Bergwanderung
Gehzeit	5,5 Stunden
Höhenmeter	870

Route Neuhaus – Bodenschneid – Tufftal – *Bauernhofcafé Hennererhof* – Schliersee

Anfahrt

ÖVM Mit der Bayerischen Oberlandbahn (BOB) stündlich von München nach Neuhaus, Rückfahrt mit derselben Linie vom Bahnhof in Schliersee

Auto A8 Ausfahrt Miesbach und über Schliersee zum Ausgangsort (Parkmöglichkeit am Bahnhof)

Charakter Der Anstieg zum *Bodenschneidhaus* verläuft überwiegend auf Forst- und Güterwegen, dann geht es auf steinigem Pfad nordseitig zum Gipfel empor; bei Glatteis oder Schnee ist erhöhte Vorsicht geboten. Abstieg über das Tufftal auf schönem Forstweg, zuletzt auf der Teerstraße nach Schliersee.

Wegweiser Aufstieg von Neuhaus sehr gut beschildert, Abstieg nach Schliersee auf Wanderroute W11

Karte Kompass-WK 8, Tegernsee/Schliersee/Wendelstein, 1:50.000

Die Route ist auch als kombinierte Rad- und Wandertour sehr lohnend. Zwischen Neuhaus und *Bodenschneidhaus* werden lediglich die beiden durch den Wald abkürzenden Wegpassagen umfahren, der Gipfelanstieg erfolgt zu Fuß (Strecke Rad: 17 km; Wanderung 1,75 Std.).

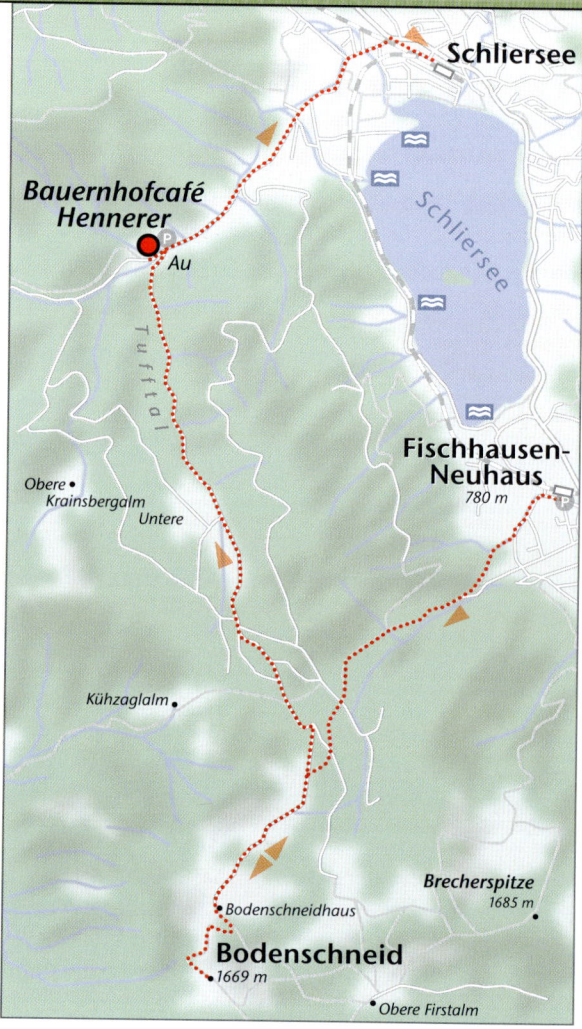

Wanderin mit Blick auf das Bodenschneidhaus

Brotzeit mit hausgemachter Wurst und selbstgemachtem Käse, dazu Dinkelbrot ...

... und im Anschluss ein feiner Eierlikörkuchen

Der Abstieg erfolgt bis zu jener Stelle, an der der bezeichnete Waldsteig nach Neuhaus abzweigt, auf der Aufstiegsroute. Dann geht es jedoch auf dem Forstweg in nördliche Richtung stets geradeaus. Nach Querung der schönen *Krainsberger Alm* führt der Weg durch das auch an heißen Tagen angenehm kühle Tufftal; das anfangs trockene Bachbett füllt sich rasch mit Wasser und ist bis zur Mündung in den Breitenbach unser steter Begleiter.

Feines von der Kräuterwiese

Am großen Wanderparkplatz hält man sich hinter der Bachbrücke links und steigt wenige Meter bis zum *Hennererhof* empor. Hinter dem Haus liegt etwas versteckt die bekieste Gartenterrasse, an die ein Naturkinderspielplatz und ein Hühnerstall angrenzen. Der Garten ist mit den wenigen Tischen so überschaubar und familiär,

dass man erst beim zweiten Hinsehen den Bewirtungsbereich als solchen erkennt. Man spürt auf sympathische Weise, dass die Gastgeber nicht aus dem Gastronomiebereich stammen. Eher wirken sie mit ihrer zuvorkommenden Art wie Freunde oder nette Nachbarn, die man immer wieder gerne besucht.

Die Kuchen- und Tortenauswahl ist zwar überschaubar, dafür aber von bester Qualität: Gebacken wird nach altem Rezept der Urgroßmutter. Alternativ stehen herzhafte Brotzeiten auf der kleinen

Speisekarte. Kaminwurzen, Geräuchertes, Presssack und Leberwurst stammen vom Fleisch der hofeigenen Rinder, das der Lindener Metzger Bernhard Kaffl nach der Schlachtung frisch verarbeitet. Neben dem Vorteil kurzer Lieferwege bürgt das Konzept der regionalen Vermarktung für hohe Qualität. Das gilt auch für den würzigen Camembert, den die Irschenberger Familie Grundbacher produziert und anliefert. Der Gast schmeckt den feinen Unterschied zum weit verbreiteten industriellen Produkt auf Anhieb heraus.

Fein schmecken auch die Wildkräuter und Früchte, die in den umliegenden Wiesen und Wäldern üppig gedeihen und von Angelika Prem mit viel Sachverstand und Kreativität verarbeitet werden. Nach dem Genuss des selbstgemachten Buchenblattlikörs sind die fehlenden Kilometer bis zum Schlierseer Bahnhof rasch zurückgelegt.

Inhaber Küchenchefin	Angelika u. Johann Prem Angelika Prem
Adresse	Hennererstr. 36 83727 Schliersee
Telefon	08026-9229964
E-Mail	info@hennerer.de
Web	www.hennerer.de
geöffnet	Mai bis Okt. täglich 12–20 Uhr, Nov. bis April Fr–So 12–17 Uhr
Übernachtung	2 Ferienwohnungen und Schlafen im Heu
Zum Mitnehmen	Im eigenen Hofladl gibt es u.a. Kulinarisches aus Wildkräutern, hausgemachte Marmeladen, Liköre (z.B. Buchenblatt und Pfefferminz), Essig, Öle, Duft-Sackerl und Lavendel-Badesalz.
Tipp	Bei Bedarf führt Angelika Prem als gelernte Kräuterpädagogin Kräuterwanderungen durch.
Schmankerltipp	Brotzeit mit hausgemachter Wurst und selbstgemachtem Käse, dazu Dinkelbrot (6,80 €), saurer Biokäse mit Balsamicodressing, Kräutern und Dinkelbrot (5,80 €), hauseigene Kuchen (2,20 €)

Aktivität: Rodeln, Wanderung | Gastronomie: bürgerliche Hausmannskost

Bauernhof mit Höhenluft

Wandern und Rodeln an der Hohen Asten

Sehnsüchtig haben die Rodler auf diesen Schnee gewartet. Die 5,2 Kilometer lange Strecke von der *Hohen Asten* nach Flintsbach ist zwar offiziell nicht freigegeben, doch das stört die Einheimischen aus dem Landkreis Rosenheim herzlich wenig. Selbst als das nahe Inntal am späten Nachmittag bereits im Dämmerlicht liegt, ziehen immer noch Dutzende ihre Schlitten empor. Oben wartet die *Hohe Asten* mit ausgezeichnetem Essen. Und anschließend braust man mit Stirnlampen zu Tale.

Alternative Wandern

Wanderer hingegen kommen auch ohne üppige Schneevorräte auf ihre Kosten. Ausgangsort für den knapp zweistündigen Aufstieg ist der Parkplatz am südlichen Ortsrand von Flintsbach. Nach einer Steilpassage durch den Wald passiert man die Burg Falkenstein und erreicht hinter dem Petersberg ein Hochplateau. Nochmals geht es durch eine Waldstufe empor, dann öffnet sich das Gelände mit der weitläufigen Almlandschaft rund um die *Hohe Asten*. Als kleine Gipfel-Zugabe lohnt die Besteigung des 200 Meter höheren Rehleitenkopfs. Wir sind allerdings bis zum Bauchnabel im Pulverschnee versunken und mussten mangels Schneeschuhen kapitulieren.

Verwandtschaft hilft mit

Die *Hohe Asten* (1108 m) gilt als einer der höchstgelegenen, ganzjährige bewirtschafteten Bauernhöfe Deutschlands. Fast täglich fahren die Landwirte Christa

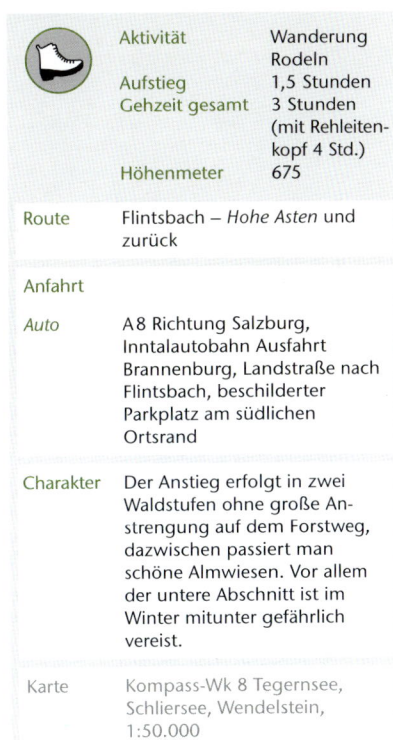

Ankunft an der Hohen Asten *an einem kalten Dezembertag*

Aktivität: Rodeln, Wanderung | Gastronomie: bürgerliche Hausmannskost

und Peter Astl ihre Kinder in das Tal, damit sie in Brannenburg und Raubling zur Schule gehen können. Der Jüngste im Bunde, der zwölfjährige Bernhard, ist bereits so spielerisch mit den Arbeiten im Stall vertraut, dass er die jahrhundertelange Familientradition später wohl fortsetzen wird. Da die Familie jedoch aus den Erträgen der Landwirtschaft nicht leben kann, ist sie auf die Einnahmen des Berggasthofs angewiesen.

In Vorfreude auf den guten Kaiserschmarrn ziehen sich die Rodel wie von selbst nach oben.

Ein Beleg für den engen Familienzusammenhalt ist das Engagement der nahen Verwandtschaft, die bei Engpässen mit anpackt und auch bei der Betreuung der Kinder hilft. Die Cousinen und Cousins des Landwirts etwa haben ihre Ferien oft am Berg verbracht, um Christa und Peter Astl in Wirtshaus und Stall zu unterstützen. Und auch die Oma hat bis in ein stolzes Alter von 90 Jahren nach Leibeskräften Hand angelegt.

Essen vom Hof

Das Konzept der Küche, vorwiegend auf eigene Produkte zu setzen, schafft nicht nur unter den zahlreichen Stammgästen Vertrauen. Gerichte wie Lammragout mit Spätzle oder Sauerbraten mit Knödel stehen nur dann auf der Speisekarte, wenn Fleisch aus der Schlachtung der eigenen Tiere vorrätig ist. Zum Hof gehören neben 35 Schafen auch 12 Milchkühe, 30 Jungrinder, vier Schweine, zwei Pferde und vier Katzen.

Wer vegetariche Kost bevorzugt, sollte die hervorragenden Mangold-Käsknödel mit Butter probieren. Der „gefühlte" Kaiserschmarrn – das Rezept für die beliebte Teigware haben Christa und Co. längst im Blut – lässt ohnehin keine Wünsche offen. Ein Teil der täglich rund 100 Liter Milch wird im Tal übrigens zu Almkäse verarbeitet. Auch für Topfenkuchen und Schmalznudel dienen die hofeigene Milch bzw. Butter als Zutaten. Nur auf hofeigene Eier muss der Gast verzichten, da das Experiment Huhn in der Vergangenheit dem Jagdtrieb des Fuchses zum Opfer fiel.

Inhaber	Christa und Peter Astl
Küchenchefin	Christa Astl
Adresse	83126 Flintsbach
Telefon	0 80 34 - 21 51
geöffnet	10–23 Uhr, Mo + Do –18 Uhr, Fr Ruhetag, Betriebsferien: nach Allerheiligen zwei Wochen sowie Mo nach 3. Adventssonntag bis 25. Dezember
Schmankerltipp	Mangold-Käsknödel mit Butter (4,30 €), Lammragout mit Spätzle und Salat (8,50 €), Topfenkuchen (2,30 €)

Blick in das Inntal beim Anstieg zum Rehleitenkopf

Aktivität: Bergwanderung, Bike and Hike | Gastronomie: frische, knackige Salate

Logenplatz zwischen zwei Gipfeln

Bergwanderung von Bad Wiessee zu Roß- und Buchstein

Leider meinte es der Wettergott im August 2004 zum 100. Geburtstag der *Tegernseer Hütte* nicht sonderlich gut – es schüttete aus Kübeln. Doch der Starkregen brachte den Hüttenwirt Michael Ludwig und seine rund 100 Gäste nicht aus der Fassung. Im Gegenteil: Nachdem der Abt Johannes von Kloster Andechs seine Messe verlesen hatte, heizten die „Jagerbuam" die ohnehin schon warme Stube mit ihrer Blasmusik so richtig ein.

Gäste aus aller Welt

Tegernseer Hütte
mit Buchstein

Die *Tegernseer Hütte* erfreut sich dank der exponierten Lage zwischen den Felsgipfeln Roß- und Buchstein großer Beliebtheit. Vor allem nach Süden ist die Aussicht grandios, der Blick reicht an den Zillertaler Alpen vorbei bis nach Italien. Zwischen enger Terrasse und gähnendem Abgrund hat gerade noch eine Zaunlatte Platz, und wenn dort Raucher ihrer Sucht nachgehen, fliegt dem Kletterer in der Südwand schon einmal feine Asche in die Augen. Genau aus diesem Grund ist die Direttissima unterhalb der Hüttenterrasse im Kletterjargon als Aschenbecher verschrien. Insgesamt gibt es rund um den Roß- und Buchstein 70 Kletterrouten vom Schwierigkeitsgrad 3+ bis 9+.

Doch es sind keinesfalls nur Kletterer, die sich von der Felskulisse angezogen fühlen. Auch Wanderer aus immer exotischeren Ländern pilgern von Süden oder Norden zu der privilegiert gelegenen Hütte hinauf. Also nicht erschrecken, wenn einmal ein Araber mit Turban auftaucht; oder Charakterköpfe aus Indien, Thailand, Japan, Korea und Amerika vor Ihnen stehen. Ob die

Aktivität	Bergwanderung
Gehzeit	5 Stunden
Höhenmeter	900

Route	Parkplatz Klamm – *Tegernseer Hütte* – (Buchstein) – Roßstein – Roßsteinalmen – *Buchsteinhütte* – Klamm
Anfahrt	
ÖVM	Mit der BOB von München nach Gmund am Tegernsee, Anschluss RVO-Bus zum Parkplatz Winkelstube/Klamm
Auto	Über Tegernsee auf der B 307 zum Parkplatz
Charakter	Abwechslungsreicher Anstieg erst am Schwarzenbach, dann über die zunehmend steilen Hänge des Roßsteins. Der Buchstein setzt Klettererfahrung voraus, der Abstieg an der Südseite erfordert Trittsicherheit und Schwindelfreiheit.
Wegweiser	Hütte und Gipfel sind bestens beschildert.
Karte	Kompass-WK 8 Tegernsee

Mit dem Bike Anfahrt von Bad Wiessee über Schwarze Tenn oder vom Parkplatz Klamm bis zur *Buchsteinhütte*.

Exoten jedoch auch auf den Buchstein hochkraxeln, ist nicht übermittelt. Der Fels ist durch die vielen Begehungen mittlerweile so abgespeckt, dass sich nur klettererfahrene Wanderer an den Aufstieg machen sollten. Die Leute wissen sich offenbar richtig einzuschätzen, denn ernste Bergunfälle gab es am Buchstein in den vergangenen Jahren nie.

Deutlich einfacher ist der nur drei Meter tiefere Zwillingsbruder Roßstein. Beim Anstieg zeigt sich die *Tegernseer Hütte* von ihrer fotogensten Seite, im Hintergrund sieht man die Buchsteinrinnenbezwinger wie Spinnen im Fels kleben. Wer den Roßstein nach der Besteigung umrunden will, steigt zunächst wieder zur Hütte ab, wandert dann durch den felsdurchsetzten Südhang zu den flachen

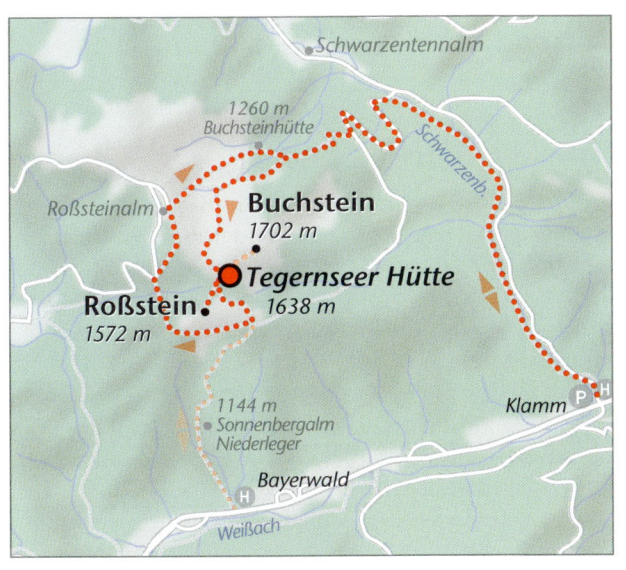

Ein strahlender Septembertag auf dem Gipfel des Roßsteins. Wohl dem, der unter der Woche Zeit hat ...

| Aktivität: Bergwanderung, Bike and Hike | Gastronomie: frische, knackige Salate |

Inhaber	Michael und Sylvia Ludwig
Koch	Dieter Wollmann
Adresse	Postfach 24, 83708 Kreuth (Tal: Letten 5 83661 Lenggries)
Telefon	01 75-4 11 58 13 (Tal: 0 80 42-91 73 78)
E-Mail	tegernseerhuette@aol.com
Web	www.dav-tegernsee.de
geöffnet	Zweiter Samstag im Mai bis erster Sonntag im November
Übernachtung	40 Lager
Schmankerltipp	Gebackener Emmentaler (9 €), geschmelzte Maultaschen mit Kartoffel-salat (7 €), bunter Salat-teller mit gebackenem Mozzarella (8 €), Kaiser-schmarrn (8 €, nur werktags)

Wiesen hinab und quert anschließend auf dem Panoramaweg zu den Roßsteinalmen. Von hier geht es durch den Nordkessel und über die Buchsteinhütte zur Aufstiegsroute zurück.

Frischer, knackiger Salat

Vor dem Abstieg lohnt noch eine Kostprobe aus der leckeren Küche der *Tegernseer Hütte*. Aus vegetarischer Sicht lockt der für eine Berghütte untypische knackige Salatteller mit gebackenem Mozza-rella und Balsamicodressing. Wer es schwäbisch mag, hat an den geschmelzten Maultaschen mit Kartoffelsalat seine Freude. In aller Munde ist auch der gebackene Emmentaler, der zweimal paniert werden muss, damit er nicht ausläuft. Sehr zu empfehlen ist übrigens der Kaiserschmarrn, doch den kann man nur an Wochentagen bestellen.

Schmackhaftes Essen mit grandioser Aussicht

Apropos ärgern: Michael Ludwig hat Terrasse und Stube zur handyfreien Zone erklärt, und das sollte man respektieren. Nicht dass der Hammer doch noch zum Einsatz kommt, der neben der leicht demolierten Schiefertafel mit der Aufschrift „Handy bitte hier ausschalten" in Lauerstellung ruht. Um Anekdoten mit Handys ist der sympathische Hüttenwirt nicht verlegen. So erzählt er die Geschichte vom Chef eines Mobilfunkbetreibers, der sich einst in der Wand verstieg und – ansonsten schlecht ausgerüstet – mit dem Handy einen Notruf sandte, um ihn bei hereingebrochener Dunkelheit aus der Wand zu bergen. Da ist dem Hüttenchef eine Brautentführung in die Wand schon lieber, die seine Frau Sylvia bei der Hochzeit im August 2003 tapfer über sich ergehen ließ. Ein Taferl mit der Aufschrift „Brautverziagn" erinnert in der Wand an dieses freudige Ereignis.

Warnung bitte ernst nehmen!

Aktivität: Bergwanderung, Rodeln | Gastronomie: altbayerische Küche

Der Sherpa vom Tegernsee

Bergwanderung auf Setz- und Wallberg

Wer beim Anstieg zum Wallberg ins Schnaufen kommt, sollte bedenken, dass es Leute gibt, die nicht nur sich selbst, sondern einen 80 Kilogramm schweren Mitmenschen auf den Berg schleppen. Und zwar aufgrund einer Wette um 100 Liter Bier, die an einem nicht ganz gewöhnlichen Schafkopfabend im Jahr 1989 geboren wurde. Wir wissen nicht, wie angeheitert die Schafkopfler seinerzeit waren, jedenfalls wurde die leichtfertig geäußerte Frotzelei „So einen Mann wie Dich haben wir früher im Rucksack getragen" später in die Tat umgesetzt. Und zwar von Horst Günther, Hüttenwirt der *Wallbergmoosalm*.

Über den Wolken auf dem Setzberg

För den normalen Wanderer ist die Tour auf den Wall- und Setzberg weniger anstrengend. Wer an der *Wallbergmoosalm* parkt, spart sich gut ein Drittel des Anstiegs. Sehr lohnend ist die Gipfelbesteigung übrigens im Winter. Wir hatten im Dezember schon einmal das Glück, vom Setzberg über den Wolken eine herrliche Abendstimmung zu genießen. Während Karwendel und Zugspitz-

Über den Wolken am winterlichen Setzberg: Die Tegernseer Berge ragen soeben noch aus dem Nebelmeer heraus.

Aktivität: Bergwanderung, Rodeln | Gastronomie: altbayerische Küche

Aktivität	Bergwanderung
Gehzeit	3,5–5 Stunden
Höhenmeter	650–1050

Route Talstation Wallberg – *Wallberg-moosalm* – Setzberg – Wallberg – *Wallbergmoosalm* und zurück

Anfahrt

ÖVM Mit der BOB von München zum Bahnhof Tegernsee und dort mit dem RVO-Bus zur Talstation Wallbergbahn

Auto Am Tegernsee entlang auf der B 307 zum großen Wanderparkplatz. Gegen eine Gebühr von 3 € kann man auch bis zur *Wallbergmoosalm* hochfahren.

Charakter Der Anstieg zu Wallberg und Setzberg verläuft meist mäßig steil durch nordwestlich ausgerichtetes Waldgebiet und ist angenehm schattig. Die beiden Gipfel liegen oberhalb der Waldgrenze und bieten eine herrliche Aussicht auf das Tegernseer Tal.

Wegweiser WB und WB 1

Karte   Kompass-WK 8 Tegernsee

Im Winter ist bei geeigneter Schneelage die 6,5 km lange Rodelbahn bis zur Talstation in Betrieb. Von Januar bis März gibt es jeden Freitagabend ab 17.30 Uhr geführte Fackelwanderungen zum Wallbergmoos.

massiv noch deutlich aus dem Wolkenmeer herausragten, wurden die Tegernseer Berge wie Roß- und Buchstein oder Leonhardistein beinahe von der feuchten Nebelmasse verschluckt. Als Preis zahlten wir die absolute Dunkelheit beim späteren Abstieg, wohl auch, weil wir die Zeche in der *Wallbergmoosalm* etwas übertrieben hatten.

Wenn der Mooswirt mit der Zither aufspielt

Langweilig wird einem in der gemütlichen Almstube bestimmt nicht, schon gar nicht, wenn der Wirt zur warmen Jahreszeit am Freitagabend mit seiner Zither und dem Kollegen mit der Kontragitarre im Duo auftritt. In den Pausen tritt gelegentlich der 81jährige Hans Eichenseher mit gelungener Bergsteigerlyrik in Erscheinung. Dabei trägt der gebürtige Haushamer seine oft witzigen Gedichte vollkommen frei vor und bringt die gesellige Runde mit seiner urbayerischen Art wiederholt zum

Kartoffelzwuller

Zutaten: *1 kg gekochte Kartoffeln, 150 g Mehl, Salz, Butterschmalz*

Zubereitung: Pellkartoffeln schälen und durch Kartoffelpresse drücken. Alternativ kalte übrig gebliebene Pellkartoffeln nehmen und die geschälten Kartoffeln mit einer feinen Gemüsereibe verarbeiten. Die gekochten, durchgedrückten Kartoffeln müssen bei der Verarbeitung vollkommen erkaltet sein. Dann die Kartoffeln salzen, mit Mehl abbröseln und sofort im heißen Butterschmalz schön goldbraun braten, etwa 10–15 Min. vom Feuer nehmen und erkalten lassen, um dann erneut nachzubräunen, damit der Zwuller resch wird. Um Fett zu sparen, kann man den Zwuller auch gut in der Röhre in der Bratreine backen, er muss dort aber immer wieder gewendet werden.

Inhaber	Gerlinde und Horst Günther
Köchin	Gerlinde Günther
Adresse	83700 Rottach-Egern
Telefon	0 80 22-56 38
E-Mail	info@wallbergmoos.de
Web	www.wallbergmoos.de
geöffnet	Mitte Mai–Ende Okt tgl. außer Di ab 10–18 Uhr, Nov–April Fr–So ab 10 Uhr, bei winterlichen Bedingungen auch Mi und Do
Schmankerltipp	Hausgemachter Ziegenfrischkäse mit Butter und Brot (6,50 €), Kartoffelzwuller mit bayerischem Kraut oder Apfelkompott (7,50 €), Hirschfilet als Medaillons in Wacholderrahmsoße (15,50 €)

Lachen. Vor allem bei Frauen, die ihren Ausgehabend ohne Männer feiern, kommt die ungezwungene Art bestens an.

Geschmackvolle altbayerische Kost

Während Horst Günther die Gäste mit der Zither bei Laune hält, kocht seine Frau Gerlinde in der Küche ordentlich auf. Die Speisekarte ist zwar nicht sehr umfangreich, dafür sind alle Gerichte eine Kostprobe wert. Ab Mai kommt mittwochs und freitags fleischlose Vollwertkost aus altbayerischer Rezeptur auf den Tisch. Köstlich schmeckt der Kartoffelzwuller, ein mit Dinkelmehl zubereiteter Kartoffelschmarrn, der mit frischem Kraut gereicht wird. In aller Munde

ist auch das Hasenöhrl, ein in Butterschmalz gebackener Quarkteig. Als Dessert eignet sich zudem der Topfenauflauf mit Früchten oder Brandteigkrapferl. Zum 1. November 2008 will Horst Günter die Almpacht an einen ähnlich gesinnten Nachfolger übergeben, um endlich mehr Zeit für den Obstgarten, die Räucherei, Skitouren und Reisen zu haben. Was ihn wohl nicht daran hindern wird, freitags in der *Wallbergmoosalm* mit der Zither vorbeizuschauen.

Die Wallbergmoosalm *im Winterkleid*

Horst Günther spielt während der warmen Jahreszeit Freitagabend mit seiner Zither auf.

Aktivität: Bergwanderung, Rodeln | Gastronomie: ökologisch, bayerische Schmankerl

Bergblick mit Hofkultur

Bergtour auf den Wank

Bereits im Jahr 1834 wurde das Gehöft Schlattan als Ausflugsziel mit Einkehr empfohlen. „Man kann sich an erquickender Alpenmilch laben", lautete seinerzeit der Werbeslogan. Frische Kuhmilch erhält der Wanderer auch heute noch beim *Gschwandtnerbauer,* der seit 1889 von der Familie Neuner als Restauration geführt wird. Kulinarische Highlights sind neben dem hervorragenden Topfenstrudel jedoch die feinen Fleischgerichte von Lamm und Rind aus der eigenen biologischen Tierhaltung.

Sportlicher Anstieg zum Wank

Vom Gschwandtner-bauer zeigt sich die Alpspitze von ihrer majestätischen Seite.

V on Schlattan ist der *Gschwandtnerbauer* auf dem Fahrweg rasch erreicht. Wer in den Genuss der mittäglichen warmen Küche kommen will, muss entweder früh aufbrechen oder den Gipfel am Nachmittag anvisieren. Mit vollem Magen kostet der relativ steile Anstieg zum Wank allerdings etwas Mühe, zudem ist die starke Sonneneinstrahlung zu beachten. Der Steig zieht auf einen bewaldeten Sattel empor, an dem der breite Ostrücken ansetzt. Nach einer Steilstufe flacht das Gelände deutlich ab, von den freien Wiesen blickt man in Richtung Estergebirge. Am 1779 Meter hohen Gipfel

Aktivität	Bergwanderung
Gehzeit	4,5 Stunden
Höhenmeter	950

Route	Schlattan – *Gschwandtnerbauer* – Wank – Abstieg SW-Flanke – *Gschwandtnerbauer* – Schlattan

Anfahrt

ÖVM	Wer mit der Deutschen Bahn von München nach Garmisch-Partenkirchen anreist, wandert vom Bahnhof durch den alten Ortskern zum Fuß des Wanks und steigt direkt über die *Gamshütte* zum Gipfel auf. Der Rückweg erfolgt dann über den Ostrücken zum *Gschwandtnerbauer* und über die *Pfeifferalm* nach Garmisch. Alternativ fährt man mit dem RVO-Bus nach Schlattan.
Auto	A 95 und B 2 nach Garmisch-Partenkirchen, von der Straße Richtung Mittenwald links nach Schlattan abzweigen. Falls der kleine Parkplatz nicht ausreicht, stellt man sein Fahrzeug am Straßenrand ab.
Charakter	Abwechslungsreiche Rundwanderung am Wank. Der Anstieg führt durch den steilen Südhang und auf dem breiten Ostrücken mit herrlichem Blick auf das Wettersteingebirge zum Gipfel. Dann geht es in zahlreichen Kehren hinab in Richtung *Gamshütte* und auf Forstwegen und schönem Waldsteig zum *Gschwandtnerbauer* zurück.
Wegweiser	W2 bis zum bewaldeten Sattel, 412 bis zum Gipfel, W5 und W2 im Abstieg
Karte	Kompass-WK 7 Wettersteingebirge, 1:50.000

 Im Winter kann der Fahrweg von Schlattan zum *Gschwandtnerbauer* als Rodelbahn genutzt werden. Kinder haben im Blickwinkel der Eltern auf der angrenzenden Wiese ihre Rodelgaudi.

steht das *Wankhaus* mit herrlichem Blick auf Garmisch-Partenkirchen und das Wettersteinmassiv. Während im Westen die Ammergauer Berge auftauchen, zeichnen sich im Osten die einzelnen Karwendelketten ab. In Gipfelnähe nutzen Drachen- und Gleitschirmflieger die günstige Thermik zum Start in ihr viel bestauntes Flugabenteuer. Als Abstieg empfiehlt sich die längere Variante über

die Südwestseite des Berges. Zunächst geht es in weit ausholenden Kehren durch Latschen, dann durch Wald in Richtung *Gamshütte* bergab. Noch vor Erreichen der Hütte zweigt unsere Route nach Osten ab. Es folgt eine relativ lange Querung auf dem Forstweg, der später in einen schönen Waldpfad übergeht. Dabei muss vor dem finalen Abstieg zum *Gschwandtnerbauer* noch ein kleinerer Gegenanstieg über einen Waldrücken bewältigt werden. Die Zeitangabe von 30 Minuten auf dem letzten Wegweiser kann allenfalls von einem Bergjogger eingehalten werden.

Wanderer unterhalb des Wank-Gipfels; im Talboden erkennt man die Esterbergalm.

Aktivität: Bergwanderung, Rodeln | Gastronomie: ökologisch, bayerische Schmankerl

Inhaber	Sabine und Hansjörg Neuner
Küchenchef	Hansjörg Neuner

Adresse	Gschwandt 1 82467 Garmisch-Partenkirchen
Telefon	0 88 21-21 39
geöffnet	10–18 Uhr, warme Küche 11.30–14 Uhr, Mo und Do Ruhetag, 1. Nov. bis 24. Dez. geschlossen
Schmankerltipp	Brätknödelsuppe (2,50 €), Pichelsteiner Eintopf mit Lammfleisch aus eigener biologischer Haltung (7 €), Topfenstrudel mit Apfelmus und Sahne (6 €)

Wer mag, kann beim Gschwandtnerbauer direkt neben der kleinen Kapelle speisen.

Natur pur, Biokost und ein Schuss Humor

Die Gartenterrasse des Alpengasthofs liegt so einladend schön inmitten der Bergwiesen, dass sich hier eine Rast geradezu anbietet. Auch das feine Essen ist ein gutes Argument für die Schlemmer-Einkehr. Mittags läuft der Essensbetrieb auf Hochtouren, Gerichte wie ungarisches Gulasch mit Knödel, Kartoffeln und gemischtem Salat oder Pichelsteiner Eintopf mit Lammfleisch gibt es solange der Vorrat reicht. Das Fleisch stammt überwiegend aus eigener biologischer Haltung: Während die 30 Schafe den Sommer im Reintal verbringen, weiden die elf Rinder auf der angrenzenden Wiese. Wer für die warme Küche zu spät kommt, erfreut sich an den hausgemachten Kuchen oder am ausgezeichneten Topfenstrudel mit frischer Sahne von der eigenen Kuhmilch.

Um die sehr moderaten Preise halten zu können, ist Selbstbedienung angesagt. Beim etwaigen Anstehen wird einem dank der gesprächigen Chefin Sabine bestimmt nicht langweilig. Jede Essensbestellung wiederholt sie lautstark in Richtung Küche, wo ihr Mann Hansjörg für die Zubereitung der Speisen zuständig ist. Auf das Lob eines Gastes, dass ja das kleine Mädl so fleißig mithelfe, entgegnet

die Chefin trocken: „Glauben Sie nicht, dass meine Tochter dafür nicht eine Gegenleistung fordern würde." Eine Frau hinterfragt das Brüllen aus dem nahen Stall: „Schreien die Kühe? Wollen sie raus?" Sabine Neuners Antwort: „Die Kühe sind schon im Freien, es ist der Stier, der bloß zu den Weibern will." Diese Art von Humor würde bestimmt den lange verstorbenen Gschwandtnerwirt Anton Neuner erfreuen, der seine Gäste einst als unermüdlicher Spaßmacher bei Laune hielt.

Aktivität: Bergwanderung, Ski alpin | Gastronomie: Tiroler Spezialitäten

Tiroler Schmankerl über dem Achensee

Bergtour auf den Hochiss

Seit dem Bau der Seilbahn vor gut 45 Jahren ist das Rofangebirge auch für schwächer konditionierte Wanderer bequem zugänglich. In wenigen Minuten bewältigt die Bahn 900 Höhenmeter, der malerische Achensee ist von der Bergstation weiter entfernt als die umliegenden Gipfel. Während die nahe *Erfurter Hütte* als traditionelle AV-Unterkunft unter dem Strom sogenannter Halbschuhtouristen aus der Bergsteigerbrille an Reiz verliert, profitieren die Gebrüder Hollaus im benachbarten *Almstüberl von* der regen Kundschaft.

Über den Hochiss zum *Berggasthof Rofan*

Wer auf die bequeme Aufstiegshilfe verzichtet, findet über das Dalfazer Tal einen zwar langen, aber einsamen und landschaftlich überaus reizvollen Zugang zum Rofangebirge. Der Anstieg zum Hochiss beginnt am südlichen Ende des Parkplatzes am *Café Seeblick.* Zunächst wandert man die kleine Teerstraße empor und folgt dann den Wanderschildern in den Wald. Anfangs quert der Weg über Wurzeln in nördlicher Richtung am Hang entlang, dann

Jessica, Bärbel und Reinhold beim Abstieg vom Hochiss an einem herrlichen Novembertag; ein Tag später folgte der massive Wintereinbruch.

Aktivität	Bergwanderung	
Gehzeit	4–7 Stunden	
Höhenmeter	950,	
	1380 mit Gipfel	

Route Maurach – Dalfazalm – Hochiss – Berggasthof Rofan – Maurach

Anfahrt

ÖVM Mit der Bayerischen Oberlandbahn (BOB) von München nach Tegernsee, Weiterfahrt mit dem RVO-Bus Nr. 9550 nach Maurach (täglich zwei Verbindungen, über 3 Std. Fahrzeit)

Auto Über Bad Tölz und Sylvensteinspeicher oder das Tegernseer Tal an den Achensee. Parkplatz in Maurach-Rofangarten (nach der Esso-Tankstelle auf der rechten Seite) und an der Talstation der Rofan-Seilbahn

Charakter Sehr lohnende, aber anstrengende Rundtour im Rofangebirge mit großartigem Panoramablick. Im Gipfelbereich des Hochiss (2299 m) ist Trittsicherheit erforderlich (Drahtseilstellen).

Variante Die Wanderung kann erheblich abgekürzt werden, wenn man von der *Dalfazalm* (1692 m) auf dem Höhenweg direkt zur *Rofanhütte* steigt.

Wegweiser Durchgehend markierte Bergsteige (AV-Wege 413 und 401)

Info Zwischen Maurach und *Berggasthof Rofan* verkehrt alle 15 Min. die Rofan-Seilbahn (Betriebszeiten je nach Saison 8/8.30–17/17.30 Uhr). Die einfache Fahrt kostet 12,50 €, Berg- und Talfahrt 14,50 €. Nähere Info unter Tel. +43/5243-5292 oder www.rofanseilbahn.at

Karte Kompass-WK 8 Achensee, 1:35.000

Der *Berggasthof Rofan* liegt unmittelbar an der Bergstation der Rofan-Seilbahn. Im Winter führen von hier im Schnitt mäßig steile Skipisten nach Maurach; neben der Seilbahn gibt es zwei Doppelsesselbahnen und einen Schlepplift.

steigt er in vielen Kehren gleichmäßig zur *Dalfazalm* empor. Oberhalb der Alm flacht das Gelände etwas ab, bevor unterhalb des Streichkopfs in einem Schutt- und Wiesenkar die steilste Passage des Anstiegs erfolgt. Zuletzt quert man in Gratnähe auf leicht ausgesetztem Steig zum Hochiss hinüber. Beeindruckend sind vom Gipfel der Tiefblick in die Nordwand und das weitumfassende Bergpanorama bis zur Gletscherwelt von Zillertaler und Stubaier Alpen.

Der Abstieg erfolgt auf der Südseite des Berges. Die etwas luftigeren Passagen sind mit Drahtseilen gesichert. Trotz der gebotenen Kon-

zentration bleibt ausreichend Zeit, um die Schönheit des Rofan-gebirges zu genießen. Unterhalb des steilen Gipfelhangs führt der Steig sehr genussvoll durch eine breite Mulde am Gschöllkopf vorbei zur *Mauritzalm*, die aus der Milch von gut einem Dutzend Kühe Graukäse zubereitet. Bereits in Sichtweite ist die Bergstation der Rofan-Seilbahn mit dem benachbarten *Almstüberl*, das zum *Berggasthof Rofan* gehört.

Inhaber	Familie Hollaus
Küchenchef	Rainer Hollaus

Bernhard Hollaus auf seiner Terrasse.

Tiroler Küche mit Achenseeblick

Das *Almstüberl* wartet mit schmackhafter regionaler Küche auf. Wie es sich für eine gestandene Tiroler Küche gehört, kommen frisch zubereitete Leber-, Speck-, Spinat- und Kaspressknödel auf den Tisch. Sehr gefragt ist auch die Holzfällerkartoffel nach Art des Hauses, die mit Zwiebeln, Zucchini, Bohnen, Mais, Pfifferlingen, Sauerrahm und Petersilie angerichtet wird; auch Putenfleisch ist als Beilage möglich. Die geräucherte Achenseeforelle wiederum wird mit Sahnekren, Butter und Toastbrot serviert. Während der Schusszeit gibt es auch Gamsragout, manchmal bringt ein einheimischer Rentner frische Steinpilze vorbei. Als Nachtisch kommen Apfel- oder Topfenstrudel in Frage.

Während Rainer Hollaus das Essen zubereitet, ist sein umgänglicher Bruder Bernhard im Service präsent. Wer Tag für Tag von seinem Arbeitsplatz diesen privilegierten Blick auf den Achensee genießt, muss ja mit sich und seiner Umwelt im Reinen sein. Wenn sich Jugend- oder Klettergruppen einquartieren, wird die Hüttenromantik vom *Almstüberl*, das mit Dienstschluss der Seilbahn schließt, in den *Berggasthof* verlegt.

Der Abstieg nach Maurach ist gut beschildert: Schöner als der Güterweg über die *Buchauer Alm* ist der abkürzende Steig durch den Wald. Von der Talstation wandert man in das Ortzentrum von Maurach und rechts Richtung Seepromenade zum Parkplatz.

Adresse	A-6212 Maurach am Achensee
Telefon	+43/5243-5058
E-Mail	rofan@achensee.net
Web	www.berggasthof-rofan.com
geöffnet	Mai bis Anfang Nov und Mitte Dez bis Ostern täglich 9–17 Uhr
Übernachtung	Doppel- und Mehrbettzimmer (15 Betten, 45 Lager)
Schmankerltipp	2 Stück Spinatknödel mit frischem Parmesan und grünem Salat (7,50 €), Holzfällerkartoffel nach Art des Hauses mit Zwiebel, Zucchini, Bohnen, Mais, Pfifferlingen, Sauerrahm und Petersilie (nur im Sommer, 7,50 €), Apfel- oder Topfenstrudel (2,50 €)

Gipfelfreude auf dem Hochiss und verlockende Spinatknödel im Almstüberl

Aktivität: Bergwanderung, Rodeln | Gastronomie: Tiroler Küche

Traumtag mit Trubel

Wandern und Rodeln im Nordschatten des Pendling

Am schönsten Wintersonntag der Saison sind wir mit Domitius, dem Chef der *Kala-Alm*, verabredet. 10 Uhr wäre eine gute Zeit, denn später sei bei diesem Traumwetter die Hölle los. Es wird später, weil der Traktor im Tal nicht ansprang und Domitius auch sonst alle Hände voll zu tun hat. Doch kein Problem, dann vertreiben wir uns halt mit dem slowakischen Koch, dem brasilianischem Küchengehilfen sowie waschechtem Tiroler Urgestein am Stammtisch die Zeit.

Der mit dem Hackl-Schorsch Schlitten fuhr

Wintermärchen an der Kala-Alm: Draußen klirrt der Frost, drinnen schmort der Schweinebraten.

Der Küchenchef Lubosch gönnt sich eine kleine Frühstückspause, nachdem die erste Ladung Knödel bereits im Kochwasser schwitzt und der wohlduftende Schweinebraten im Holzofen schmort. Seit elf Jahren bereits sorgt der aus der Nähe von Bratislava stammende Koch bei der *Kala-Alm* im Winter für das Gaumenwohl der Gäste, mit den Raffinessen der Tiroler Küche ist er bestens vertraut. Doch wir stellen ihm nicht allzu viele Fragen, da die Erzählungen aus seiner Heimat mit dem Kauprozess des Butterbrotes nur schwer zu vereinbaren sind und er schließlich wieder in die Küche muss. Auch Domitius' Frau Renate hat ob des bevorstehenden Ansturms weder Zeit noch Muße, sich der journalistischen Neugier zu stellen.

Georg Fluckinger hingegen hat an diesem strahlend schönen Sonntag alle Zeit der Welt. Er stammt aus Langkampfen im Inntal und war in den 1980er Jahren als Rennrodler aktiv. Dort traf er in den Eiskanälen des Rodel-Weltcups gegen Ende seiner Laufbahn auf keinen Geringeren als den Hackl Schorsch. Heute ist er dem Rodelsport mit seiner Rodelbau-Firma treu geblieben, die pro Jahr immerhin 1500 lenkbare Schlitten produziert und diese auch nach Deutschland sowie in die Schweiz vertreibt. Ein Stammkunde ist die *Kala-Alm*, wo die Rodel ausgeliehen und an der Holzhütte am Parkplatz abgestellt werden können. Manch dreister Dieb scheint den Schlitten jedoch gleich als Souvenir mit in sein Auto zu packen, jedenfalls verschwinden Jahr für Jahr etliche Exemplare im Nirgendwo. Hinzu kommen kaputte Teile, sodass Georg immer wieder für Nachschub sorgen muss. Diese Details erzählt uns Domitius, der inzwischen Zeit gefunden hat, sich zu uns an den Stammtisch zu setzen. Wir plaudern ein wenig und entlassen den sympathischen, an diesem Sonntag jedoch akut geforderten Wirt wieder in seine Arbeitswelt.

	Aktivität	Bergwanderung und Rodeln
	Gehzeit	1–2,5 Stunden
	Höhenmeter	400–550

Route	Schneeberg – (Pendling) – *Kala-Alm* – Schneeberg

Anfahrt	
Auto	Mit dem Pkw wahlweise über die Inntal-Autobahn (Ausfahrt Kufstein Nord, der Beschilderung Thiersee folgen) oder über Bayrischzell und den Ursprungpass nach Thiersee; im Ort Abzweigung in Richtung Hinterthiersee und am *Pfarrwirt* links hinauf zum Parkplatz Schneeberg.
ÖVM	Am *Pfarrwirt* gibt es auch eine Bushaltestelle der Linie Bayrischzell-Kufstein.

Charakter	Der Direktanstieg zur *Kala-Alm* verläuft auf der flach bis mäßig ansteigenden Rodelbahn im Wald. Reizvoller ist der Umweg über den Pendling (1563 m): Hierfür wandert man am Abzweig steil durch die Waldschneise zum Gipfel empor; wenige Gehminuten nordwärts folgt die aussichtsreiche *Pendlinghütte*. Dann quert man in südwestliche Richtung entweder auf dem Forstweg oder abkürzend auf dem Waldsteig zur *Kala-Alm*.

Wegweiser	*Kala-Alm*, Pendling

Tipp	Die Rodelbahn ist nachts beleuchtet.

Karte	Kompass-WK 9 Kaisergebirge

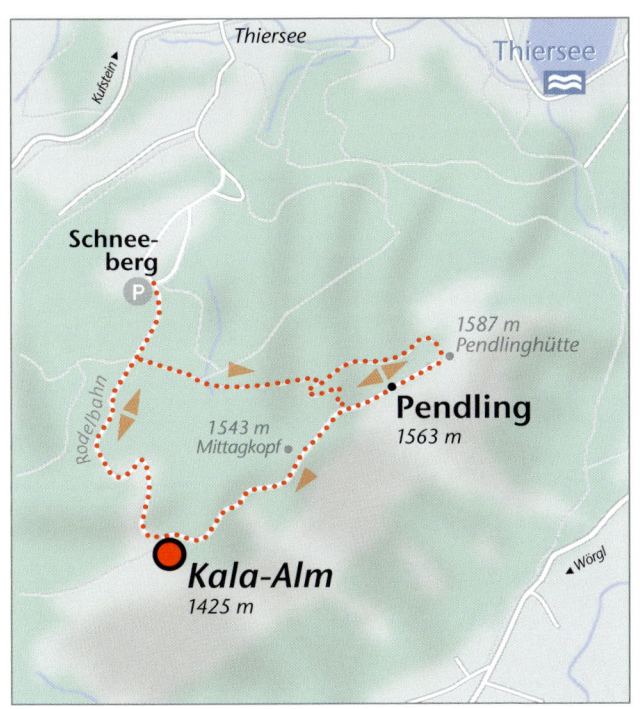

Aktivität: Bergwanderung, Rodeln | Gastronomie: Tiroler Küche

Bizarres Wintermärchen

Rodelpartie bei traumhaften Bedingungen

Jedenfalls steht fest, dass auch wir die Rodel mit der speziellen Lenktechnik auf die Probe stellen wollen. Doch zuvor laben wir uns noch an dem köstlichen Schweinebraten und dem deftigen Bauernschmaus. Es ist inzwischen nach elf Uhr und wie auf Kommando drängen die Ausflügler in die warme Stube. Darunter sind viele Stammgäste, die teilweise auch weite Wege nicht scheuen, um die lebendige Atmosphäre und das gute Essen auf der Alm zu genießen.

Auf der Terrasse ist die Sonne zum Vorschein gekommen und lässt die arktische Kälte erträglich erscheinen. Ohne die Bierbänke im Freien würde die Hütte jetzt aus allen Nähten platzen. Fantastisch, fast surreal ist der Blick auf die bizarr verschneiten Trainsjoch und Hinteres Sonnwendjoch auf der gegenüberliegenden Seite des Thierseer Tals. Die Temperaturen sind an diesem Tag so klamm, dass

Inhaber Küchenchef	Familie Mairhofer Domitius Mairhofer
Adresse	Schneeberg 50 a A-6335 Thiersee
Telefon	+43/664-3944284
E-Mail	kala@aon.at
geöffnet	täglich 8 Uhr bis Ende
Übernachtung	12 Betten
Zum Mitnehmen	Almkäse, Speck, Butter, diverse Schnäpse
Tipp	Mittwochnachmittag Livemusik (erster Mi von Jan–Mai)
Schmankerltipp	Tiroler Hausmannskost wie Speckknödelsuppe (4 €), Geselchtes mit Sauerkraut und Kartoffeln, Schweinebraten, Bauern- schmaus (je 8 €)

selbst die dicke Schneefracht auf den Fichtenzweigen der Sonnen-einstrahlung nicht zum Opfer fällt. Während sich die meisten Gäste drinnen wie draußen noch an Speis und Trank erfreuen, machen sich bereits die ersten Rodler an die flotte Abfahrt.

Wir auch, nachdem uns Domitius noch mit einem Schnapserl verabschiedet hat. Die Bahn ist, obwohl nur mäßig steil, bestens in Schuss und garantiert ein herrliches Fahrgefühl. Bald taucht sie voll-ends in den Schatten, nur wenige Stellen sind vereist. Die entgegen-kommenden Winterwanderer rauschen wie die Bäume an uns vor-bei. Und dennoch: Kurz vor dem Ziel überholt uns ganz lässig unser „Rodel-Georg" und grinst sich einen ab. Er ist ganz überrascht, uns noch immer hier anzutreffen.

Speckknödel
für 10 Personen

Zutaten: *10 Semmeln, 80 g Fett oder Butter, 1 Zwiebel, Petersilie, 4 Eier, 1/4–3/8 l Milch, 100 g Mehl, 250 g Speck feingeschnitten*

Zubereitung: Semmeln würfelig schneiden, Petersilie, geröstete Zwiebel und gerösteten Speck zugeben, alles mit Mehl gut mischen, zuletzt die erwärmte Milch mit Ei und Salz verquirlt beimischen, ziehen lassen. Mit nassen Händen Knödel formen, ca. 15 Min. in Salzwasser kochen.

Entweder in einer kräftigen Rindssuppe oder mit Sauerkraut servieren.

In der warmen Stube schmeckt der Schweinebraten besonders gut.

Sattes Grün und steiler Fels

Bike and Hike von Scharnitz zur Speckkar-Spitze

Vor vielen Jahren wollten wir vom Inntal kommend nach der Besteigung der Speckkar-Spitze in der *Hallerangerhütte* übernachten, einer Sektionshütte des Alpenvereins. Die Hütte war voll, der Wirt schickte uns zur benachbarten Alm. Ob er damals geahnt hat, dass er mich mit diesem spontanen Tipp für immer als Übernachtungsgast abwerben sollte? Denn für einen Besuch der *Halleranger Alm* gibt es sehr gute Argumente: Die gemütliche Terrasse mit Blick in den Sonnenuntergang, die familiär-lockere Wohlfühl-Atmosphäre in der Stub'n und nicht zuletzt die leckere Tiroler Küche.

Abstieg von der Speckkar-Spitze

Höhlenerlebnis bei Blitz und Donner

Das erste Wiedersehen mit der *Halleranger Alm* hatte ich im Juli 1986, als ich mit fünf Freunden auf Karwendeltour war. Schon damals schwärmte ich von dieser unglaublich schönen Bergwelt: „Die Landschaft rund um die *Halleranger Alm* bietet ein großartiges Bild: So weit das Auge reicht leuchten die weiten Almwiesen in saftigstem Grün, und im Hintergrund ragen diese steilen, bedrohlichen Karwendelwände in die Höhe. Da ist für jeden Geschmack etwas dabei."

In unserer Sturm-und-Drang-Zeit hatten wir für die schmackhafte Almküche noch keinen Sinn. Also baten wir den Almwirt höflich um ein paar Stückchen fein gewürztes Schweinefleisch und Kartoffeln, um in jener Höhle zu grillen, die wir beim Abstieg vom Lafatscher-

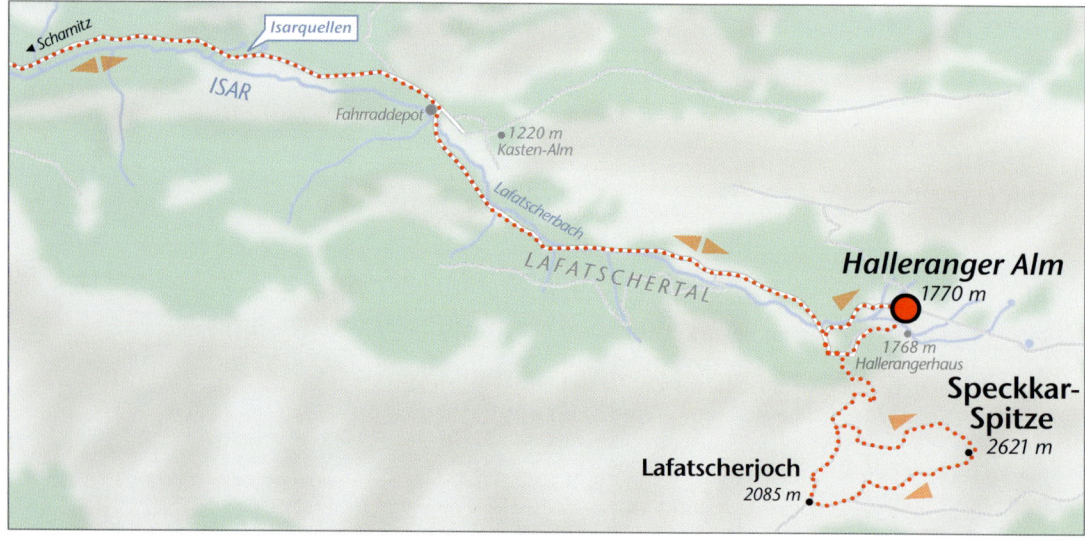

Aktivität	Bike and Hike
Gehzeit	5–10 Stunden
Höhenmeter	800, 1650 mit Gipfel

Route	Scharnitz – Isarquelle – *Halleranger Alm* – (Speckkar-Spitze) und zurück

Anfahrt

ÖVM	Gute Zugverbindungen von München nach Scharnitz.
Auto	Mit dem Auto von München über Garmisch-Partenkirchen und Mittenwald nach Scharnitz. Im Ort nach der Isarbrücke links zum kostenlosen Parkplatz am Brandlift (spezieller Service für Almbesucher).
Dauer	*Halleranger Alm* 5–6 Std., mit Speckkar-Spitze ca. 10 Std. (besser zwei Tage)
Charakter	Die Radstrecke von Scharnitz bis zur *Kastenalm* (ca. 12 km) verläuft von einer kurzen Steilstufe ab Wiesenhof abgesehen eben bis moderat steigend entlang der jungen Isar. Vom Raddepot wird der Weg deutlich steiler, wer kein Bikecrack ist, wandert ab hier besser weiter. Die Besteigung der Speckkar-Spitze ist atemberaubend schön, erfordert aber Trittsicherheit und Schwindelfreiheit.
Wegweiser	*Halleranger Alm* und Isarquelle sind bestens beschildert.
Karte	Kompass-WK 26 Karwendelgebirge

joch entdeckt hatten. Wir schnitzten uns ein paar Holzspieße, stiegen das steile Geröllfeld bis zur Höhle am Fuß der Wand empor und entfachten das Feuer. Vielleicht würden wir immer noch dort sitzen, wenn uns nicht ein furchterregendes Gewitter gehörigen Respekt eingeflößt hätte. Es blitzte, krachte, hagelte und duschte, dass uns Hören und Sehen verging. Ein Blitz schlug in den Gifpel des Lafatscher, woraufhin eine Steinlawine zu Tale polterte. Wasserfälle schossen von den plattigen Wänden und bildeten im Schuttkar eine braune, alles mit sich reißende Flut aus Wasser und Schlamm.

Schmackhafte Tiroler Küche

Gewitter üben im Schatten dieser gewaltigen Felswände einen speziellen Reiz aus. Verstärkt durch den Echoeffekt zieht sich das Donnergrollen in den Talgründen beträchtlich in die Länge. Auch bei unserem letzten Besuch sollten wir im Abstieg wieder von Blitz und Donner überrascht werden. Kurz zuvor hatten wir noch in aller Ruhe auf der sonnigen Almterrasse gesessen – als stille Genießer der köstlichen Kasknödelsuppe und des leckeren Kaiserschmarrns. Evi und Horst beziehen das Fleisch und die Milchprodukte übrigens aus der eigenen Landwirtschaft – und das schmeckt man auch. Die beiden sind kumpelhaft und kommunikativ, auch das weiß der Gast zu schätzen. Das Grillen in der Höhle überlassen wir heute also aus guten Gründen anderen.

Im Hinterautal verläuft der Rad- und Wanderweg direkt an der jungen Isar.

Aktivität: Bike and Hike | Gastronomie: Tiroler Küche

Blick von der Almterrasse zur Kapelle und zur Speckkar-Spitze (o.); Elfi, eine Frau mit Geschmack, in Vorfreude auf die Kasknödelsuppe (u.)

Inhaber Köchinnen	Evi und Horst Schallhart Silvia und Resi
Adresse	Brand 390 A-6108 Scharnitz
Telefon	+43-52 13-52 77 (Tal: -51 19)
E-Mail	schallhart@halleranger-alm.at
Web	www.halleranger-alm.at
geöffnet	Ende Mai–Mitte Oktober
Übernachtung	27 Betten, 50 Matratzen-lager; im Tal vermietet die Familie Schallhart Ferien-wohnungen.
Schmankerltipp	Kasknödel mit Sauerkraut (6 €), Gamsbraten mit Semmelknödel und Blaukraut (13 €), Kaiser-schmarrn mit Apfelmus (7 €)

Überschreitung der Speckkar-Spitze

Ein beliebtes Fotomotiv ist die kleine Kapelle an der *Halleranger Alm* mit der senkrecht abfallenden Nordwand der Speckkar-Spitze im Hintergrund. Aus dieser Perspektive ist es kaum vorstellbar, dass geübte Wanderer diesen Berg ohne Probleme besteigen können. Doch der Anstieg erfolgt durch die nicht einsehbare steile Westflanke, anfangs über Wiesen und Schutt, später über Geröllfelder und durch gut gegliederten Fels. Grandios ist der Gipfel-blick auf die Stubaier und Zillertaler Alpen. Wer sich im Aufstieg sicher fühlte, kann beim Abstieg die um eine Nuance schwierigere Variante über den Westgrat wählen; dort erfordert ein kleiner Kamin ein wenig Geschicklichkeit. Der Grat endet am Lafatscherjoch, wo man in nörd-licher Richtung wieder zur Aufstiegsroute gelangt. Der Abstieg über den Halleranger nach Scharnitz ist lang – wohl dem, der sein Rad zumindest an der *Kastenalm* deponiert hat und genussvoll an der Isarquelle vorbei zum Ausgangsort zurückrollen kann.

Restaurants und Gasthäuser

Aktivität: Radtour | Gastronomie: Wildspezialitäten

Wildspieß, am Tisch flambiert

Radtour von Harthaus in das Würmtal und den Forstenrieder Park

Wie oft waren wir schon bei diversen Radausflügen von München in das Fünfseenland am *Forsthaus Kasten* vorbeigeradelt, hatten die zwei Esel, Schafe, Ziegen und Hasen im Gelände beobachtet, Kinder auf dem Bungee-Trampolin herumtoben sehen oder uns einfach in den schönen Biergarten gesetzt, mal Bier trinkend, mal Schach spielend. Aber auf die Idee, dass man im Forsthaus auch gut tafeln kann, waren wir nie gekommen – bis uns eine Bekannte auf die exzellente Küche aufmerksam machte.

Anfahrt mit dem Rad

Wer an der Würm das Fahrtempo drosselt, kann die malerischen Flussimpressionen so richtig genießen.

D a *Forst Kasten* inmitten der Natur liegt, bietet sich eine Radtour an. Vom Bahnhof Harthaus gelangt man auf folgender Route in den Kreuzlinger Forst: Hubertusstraße, Hartstraße, Widmannstraße, Waldstraße, Planegger Straße und Neue Gautinger Straße. Dann geht es – nach Überqueren der A 96 – durch den Wald (Ww. Planegg/Krailling) am Waldsanatorium vorbei und halbrechts haltend nach Krailling; kurz nach der S-Bahn-Unterführung stößt man am Mai-

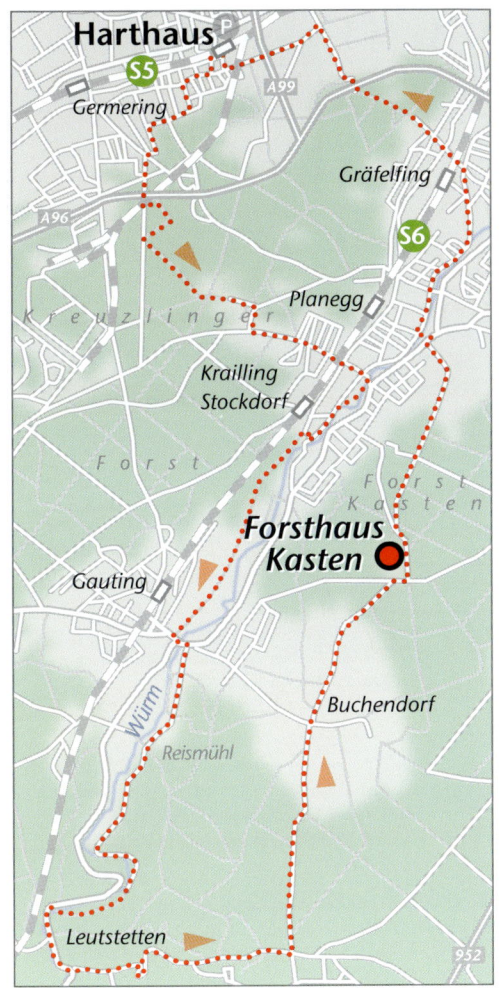

	Aktivität	Radtour
	Fahrzeit	3 Stunden
	Strecke	38 km

Route	Harthaus – Gauting – Leutstetten – Forst Kasten – Gräfelfing – Freiham – Harthaus
Anfahrt	
ÖVM	Mit der S 5 Richtung Herrsching nach Harthaus
Auto	Von Pasing auf der Bodenseestraße zum S-Bahn-Parkplatz
Charakter	Die gemütliche Radtour im Südwesten von München verläuft wechselweise durch verkehrsberuhigte Siedlungsgebiete und schöne Waldpassagen, landschaftlicher Höhepunkt ist der malerische Flussabschnitt im Würmtal. Häufig Kiesbelag.
Wegweiser	Im Würmtal Richtung Starnberger See.
Karte	ADFC-RK München/Alpenvorland, 1:75 000

baum auf den Radwanderweg nach Starnberg. Hinter Gauting – am Mühlrad wird die Würm überquert – verengt sich das Würmtal zu einer malerischen Flusslandschaft, bevor wir das Tal über den *Leutstettener Biergarten* wieder verlassen. Nach leichtem Anstieg gelangt man auf den Kreisradwanderweg; hier links abbiegen und stets geradeaus über Buchendorf auf der Neurieder Straße zum *Forsthaus Kasten*.

An manchen Stellen verläuft der Radweg direkt am Fluss.

Wenn das Essen zelebriert wird

Im *Forthaus Kasten* wechselt die Speisekarte je nach Saison und Angebot. Wir genossen an einem schönen Novembertag ein vorzügliches Menü: Als Vorspeise eine feine Rote-Beete-Suppe mit

Aktivität: Radtour | Gastronomie: Wildspezialitäten

Inhaber	Johanna und Johann Barsy
Küchenchef	Johann Barsy

Adresse	82131 Gauting
Telefon	089-8 50 03 60
E-Mail	info@forst-kasten.de
Web	www.forst-kasten.de (mit Lieferantennachweis)
geöffnet	Di–So 11–23 Uhr, im Januar und Februar geschlossen
Event	*Forst Kasten* veranstaltet Frühjahrs-, Sommer- und Weinfest sowie Nikolaus- und Weihnachtsmarkt.
Tipp	Kinder fühlen sich wie in einem Funpark: Neben Abenteuerspielplatz, Bungee-Trampolin, der 30 Meter langen Hüpfschlange, Streicheltieren und Minigolf gibt es von Ende August bis Ende Oktober auch ein 3 Hektar großes Maislabyrinth
Schmankerltipp	Lammcarpaccio vom rosa gebratenen Lammrücken mit Kartoffel-Bohnenvinaigrette und Zwiebelkonfit (9,80 €), Steinpilzrisotto mit frisch gehobeltem Parmesan (Vorspeise 9,20 €, Hauptgericht 12,80 €), Wildspieß am Tisch flambiert (19,80 €), Forsthausbecher mit frischen Früchten und Eierlikör (5,80 €)

Wildspieß am Tisch flambiert

Topfen- und Meerrettichnockerl; ein Beleg dafür, dass gesundes Essen auch richtig gut schmecken kann – auch wenn die poppig rosa Farbe anfangs ein wenig irritiert. Höhepunkt war dann jedoch der am Tisch flambierte, mit Früchten dekorierte Wildspieß. Während die Kellnerin den Teller mit dem aufrecht stehenden Spieß hielt, übergoss ihr Kollege das saftige Reh-, Hirsch- und Wildschweinmedaillon sowie den Hasenrücken mit Hochprozentigem, bevor der Spieß kurz entflammt wurde. Ein feierliches Prozedere, bei dem auch die Gäste von den Nachbar-

Hirschrouladen auf Wirsing

Zutaten für 4 Personen: Roulade: 4 dünne Schnitzel aus der Keule ca. 150 g, 8 Scheiben durchwachsener Räucherspeck, 250 g Champignons, 1 Karotte, 1 Zwiebel, 2 EL gehackte Petersilie, 2 EL Butter, Senf, Salz , Pfeffer, Butterschmalz zum Anbraten; Soße: 1 Karotte, 2 Zwiebeln, Lauch, 2 Scheiben Sellerie, ein Schuss Rotwein, 1l Fleischbrühe oder Wasser, 2 EL Tomatenmark, 2 EL Mehl, frischer Majoran

Champignons säubern und wie die Zwiebeln in kleine Würfelchen schneiden. Die Butter in einer Pfanne erhitzen, nacheinander Zwiebeln und Champignons dazugeben und anschwitzen sowie mit Salz und Pfeffer würzen. Petersilie zufügen und kurz mitbraten; zur Seite geben und abkühlen lassen.

Die Schnitzel flach klopfen, salzen, pfeffern und mit Senf bestreichen. Jedes Schnitzel mit zwei Scheiben Speck belegen, mit den Champignons bestreichen sowie die Karotte (der Länge nach geviertelt) und die Majoranblätter zufügen. Die Rouladen zusammenrollen, mit Holzspießchen befestigen (auch Küchengarn bindet), außen salzen und pfeffern, in einem Topf von allen Seiten mit Butterschmalz anbraten und auf einem Teller zur Seite geben. Karotten, Sellerie, Lauch und Zwiebel in den Topf geben und anbraten, Tomatenmark und Mehl dazugeben, mit dem Rotwein ablöschen und mit der Fleischbrühe aufgießen. Die Rouladen dazugeben, Deckel auf den Topf und bei leichtem Köcheln ca. 40 Min. schmoren. Die letzten 10 Min. das restliche Majoran dazugeben. Die Rouladen aus der Soße nehmen und vom Garn befreien. Die Soße abschmecken und abseihen.

Den Wirsingkopf vierteln, die Strunkstücke entfernen, in Streifen schneiden und in Salzwasser kurz blanchieren. In kaltem Wasser abkühlen und anschließend in einem Sieb abtropfen lassen. Butter in einer Pfanne heiß werden lassen. Zwiebel anschwitzen, den Wirsing dazugeben und mit Salz, Pfeffer, Muskat würzen. Durchschwenken bis alles heiß ist und in der Mitte vom Teller anrichten.

Die Roulade draufsetzen und außenrum die Soße geben. Dazu Schupfnudeln oder Kroketten reichen.

Unmittelbar am Forsthaus finden die Kinder ein einladendes Spielrevier mit neuen Hüpfburgen, während es sich die Eltern im Biergarten gemütlich machen.

tischen Messer und Gabel zur Seite legten und große Augen machten. Als Beilagen wurden übrigens Schwammerlsoße, Preiselbeeren, Rosenkohl und Kräuterspätzle gereicht. Nachdem sich das köstliche Essen ein wenig gesetzt hatte, war noch Platz für die Dessertvariation – von allem ein bisserl – für zwei Personen. Und zum Schluss gab es noch den hausgemachten warmen Gewürzlikör vom Wiesnbier.

Nach der Einkehr rollt man bequem durch den Forst nach Stockdorf. Nach Überqueren der Würm geht es rechts auf dem Würmtalradweg nach Gräfelfing, wo nach links die Steinkirchner Straße zum Bahnhof abzweigt. Hinter der Bahnunterführung folgt man rechts der Freihamer Straße durch Wald nach *Freiham*. Noch vor dem Biergarten geht es links in den Harthauser Weg über die neue Autobahntrasse und rechts haltend zum S-Bahnhof Harthaus zurück.

Gewürzlikör vom Wiesnbier

Aktivität: Radtour | Gastronomie: Fischspezialitäten

Fischgenuss mit frischer Seeluft

Radrundtour am Ostufer des Starnberger Sees

Für einen Septemberabend war es zwar ganz schön frisch, doch wir blieben dennoch bis zuletzt auf der schönen Terrasse sitzen. Das Laub der alten Eschen raschelte dezent im Wind, ansonsten herrschte absolute Stille. Noch ein letztes Schlückchen von dem guten Chardonnay, dann ein paar Schritte zum Privatsteg des Gastgebers und ab in den See. Mit dem köstlich-leichten Fisch im Magen ließ es sich locker noch ein paar Schwimmzüge machen. Bestimmt waren wir gerade die Einzigen im ganzen See, der trotz der entfernten Lichter in Seeshaupt, Bernried und Tutzing im absoluten Dunkel lag.

Ferienstimmung vor den Toren Münchens

Ambach ist einer der reizvollsten Orte am Starnberger See, auch weil hier keine lärmende Verkehrsstraße die wohltuende Ruhe stört. Kein Wunder, dass das *Landhotel Huber am See* selbst aus dem nahen München regelmäßig Stammgäste begrüßt, die an diesem herrlichen Fleckchen ihren Kurzurlaub verbringen. Das Leitmotiv dieses Buches – „aktiv sein und schlemmen" – kann hier jedenfalls perfekt vollzogen werden.

Zum Beispiel im Rahmen einer Radrundtour am Ostufer des Starnberger Sees. Geeigneter Ausgangsort ist Starnberg oder auch Leutstetten. Von dort stößt man nur knapp zwei Kilometer südlich

auf die Villa Rustica, ein römischer Gutshof, der inmitten des Naturschutzgebietes freigelegt wurde und durch Glasscheiben begutachtet werden kann. Bei der Weiterfahrt zum Starnberger See überrascht nicht nur die römische Kultur am Wegesrand, sondern auch der mustergültig angelegte Radparcour. Wo sich bis Sommer 2003 verstreute Wanderer auf schilfumsäumten Pfaden noch feuchte Füße holten, pedalen heute die Biker über feinen Kies und großzügige Steganlagen bis Heimatshausen durch das schöne Moos.

Im Kempfenhausener Erholungsgebiet ist an schönen Wochenenden auf den Liegewiesen zwischen Badegästen und Kanadagänsen kaum mehr ein Platz zu ergattern, ebenso gut besucht ist die Beach-Volleyballanlage im hinteren Teil des Parks. Der Radfahrer kann den Park unter Rücksichtnahme auf Fußgänger bequem durchqueren. Am südlichen Ausgang müssen ein paar Stufen erklommen werden, dann geht es auf der Seebreite nach Berg. Nächstes Ziel ist nach kurzer, heftiger Steigung die Votivkapelle im Schlosspark von Berg.

Die Kapelle wurde zum Gedenken an König Ludwig II errichtet, der am 13. Juni 1886 am nahen Seeufer zusammen mit seinem behandelnden Arzt tot aufgefunden worden war. Zwischen Berg und Ammerland ist die Uferstraße für den Durchgangsverkehr gesperrt, sodass sich Radfahrer und wenige Inlineskater diese erholsame Strecke teilen. In Ambach schieben wir unsere Räder dann von der Seeleitn in den Biergarten des *Landhotels Huber am See.*

	Aktivität	Radtour
	Fahrzeit	3,5 Stunden
	Strecke	40 km

Route	Leutstetten (Starnberg) – Kempfenhausen – Ambach – Münsing – Bachhausen – Leutstetten (Starnberg)
Anfahrt	
ÖVM	Mit der S6 nach Starnberg
Auto	Über Gauting nach Leutstetten; A952 nach Starnberg, Parkmöglichkeiten in Percha
Charakter	Da die Rundtour über weite Strecken durch Wald oder am schattigen Seeufer entlang führt, eignet sie sich auch für heiße Tage. Ein längerer Anstieg ist nur nach Münsing zu bewältigen.
Wegweiser	Erholungsgebiete Kempfenhausen und Ambach (Ammerland)
Tipp	Von Ambach kann man auch gemütlich mit der Fähre nach Starnberg zurückfahren und die Seeidylle genießen (Info: www.bayerische-seenschifffahrt.de).
Karte	ADFC-RK Bayer. Seen

An der Votivkapelle im Schlosspark von Berg erinnert ein Gedenkkreuz an den hier verstorbenen König Ludwig II.

Kochkunst aus Leidenschaft

See-Idylle am Privatsteg des Landhotels Huber

Der Küchenchef Michael Wendl ist gerade bei schönem Wetter ob des Andrangs voll gefordert. Eine seiner Vorlieben ist die Zubereitung von schmackhaften Fischgerichten, seine Fischsuppe ist legendär. Obwohl er uns Hobbyköchen das Rezept verrät, werden wir uns an seiner Qualität die Zähne ausbeißen. Wörtlich genommen werden darf beim *Huber am See* auch das Leitmotiv: „Das Auge isst mit". Das Ambacher Fischpfandl etwa lässt ob der liebevollen Dekoration von Fisch und Beilagen schon beim Anblick das Wasser im Mund zusammenlaufen. Zum Fisch passt ein trockener Weißwein aus dem gut bestückten Weinkeller.

Das Ambacher Fischpfandl bietet schmackhaften Fisch, steht aber nicht immer auf der Speisekarte.

Der Küchenchef bezieht die Fische vorrangig vom Starnberger See, der Onkel von nebenan sorgt stets für frischen Nachschub und ist auch für das Räuchern zuständig. Besonders viele Renken zieht der Fischer jedoch nicht aus dem Wasser, das inzwischen für den Algenwuchs zu sauber ist und somit den Fischen eine wichtige Nahrungsgrundlage entzieht. Der Badegast hingegen erfreut sich an der hervorragenden Wasserqualität.

Ein anderer Hausklassiker ist Hubers Grillteller, bei dem ein pikant gewürztes Schweinekotelett, Grillwürste und eine Speckscheibe mit Kräuterbutter, Dips, Pommes frites und Blattsalat gereicht werden. Nach dem Dessert – zur Wahl stehen beispielsweise Kuchen aus der hauseigenen Konditorei – macht man sich auf den Rückweg in Richtung Starnberg. Am besten fährt man auf der Seeleitn nach Ammerland zurück und dort rechts nach Münsing hinauf. Im Ortszentrum geht es an der Ampelkreuzung links in Richtung Höhenrain, bevor der beschilderte Radweg über das Gehöft Schwabbrück nach Bachhausen abzweigt. Der angenehm schattige Forstweg führt über den Georgiweg und die Biberkorstraße in den Ort. Von Farchach fährt man auf dem bekiesten Bachjägerweg und der Haarkirchener Straße nach Percha ab. Dort geht es auf bekanntem Weg nach Leutstetten zurück.

Wer mit Kindern unterwegs ist, kann auch von Ammerland bequem mit dem Dampfer nach Starnberg zurückfahren. Informationen über Fahrzeiten und -preise erhält man im Internet unter www.bayerische-seenschifffahrt.de.

Inhaber	Ingrid Sebald-Wendl und Michael Wendl
Küchenchef	Michael Wendl
Adresse	Holzbergstraße 7 82541 Ambach am Starnberger See
Telefon	08177-9320
E-Mail	info@landhotel-huber.de
Web	www.landhotel-huber.de
geöffnet	täglich ab 11.30 Uhr
Übernachtung	EZ und DZ im Landhotel
Event	3. Advent-Wochenende Weihnachtsmarkt mit Hobby-Handwerkern
Wellnesstipp	Fuß-, Teil-, und Ganzkörpermassagen, Chi Maschine, Ayurveda Behandlungen (nur mit Terminvereinbarung möglich)
Schmankerltipp	Eingelegter Klosterkäse (7,60 €), Huber's Fischsuppe mit verschiedenen Edelfischen (Vorspeise 6,90 €, große Portion 17,90 €), Ambacher Fischpfandl (16,70 €), Kaiserschmarrn mit Apfelmus (8,90 €)

Blick auf die Terrasse des Landhotels Huber

Ambacher Fischsupperl von frischen Edelfischen

Fisch: 400 g Filet von Zander, Saibling, Hecht und Birschling, feste Fische, wie Wolfsbarsch, Petersfisch, Knurrhahn usw. Die Filets in 2 cm große Stücke schneiden (evtl. Flusskrebse oder Garnelen). Die Gräten für den Fischfonds auskochen.

300 g feine Gemüsestreifen (Lauch, Sellerie, Karotten), Tomatenwürfel von zwei Tomaten, 1 TL Tomatenmark, 1 Knoblauchzehe, 1 Zwiebel, 0,25 l Weißwein (trocken), 0,1 l Olivenöl, 1 l Fischfond, Zitronensaft von einer Zitrone, Salz, Pfeffer aus der Mühle, frische Kräuter (Petersilie, Basilikum, Kerbel)

Zwiebelwürfel im Olivenöl anschwitzen, die Fische, Gemüsestreifen und Knoblauch zugeben. Das Ganze mit Salz und Pfeffer würzen. Tomatenwürfel und Tomatenmark hinzufügen und anbraten, mit Weißwein ablöschen. Mit dem Fischfond auffüllen und ca. 5–7 Min. kochen lassen. Zum Schluss mit Zitronensaft und frisch gehackten Kräutern abschmecken.

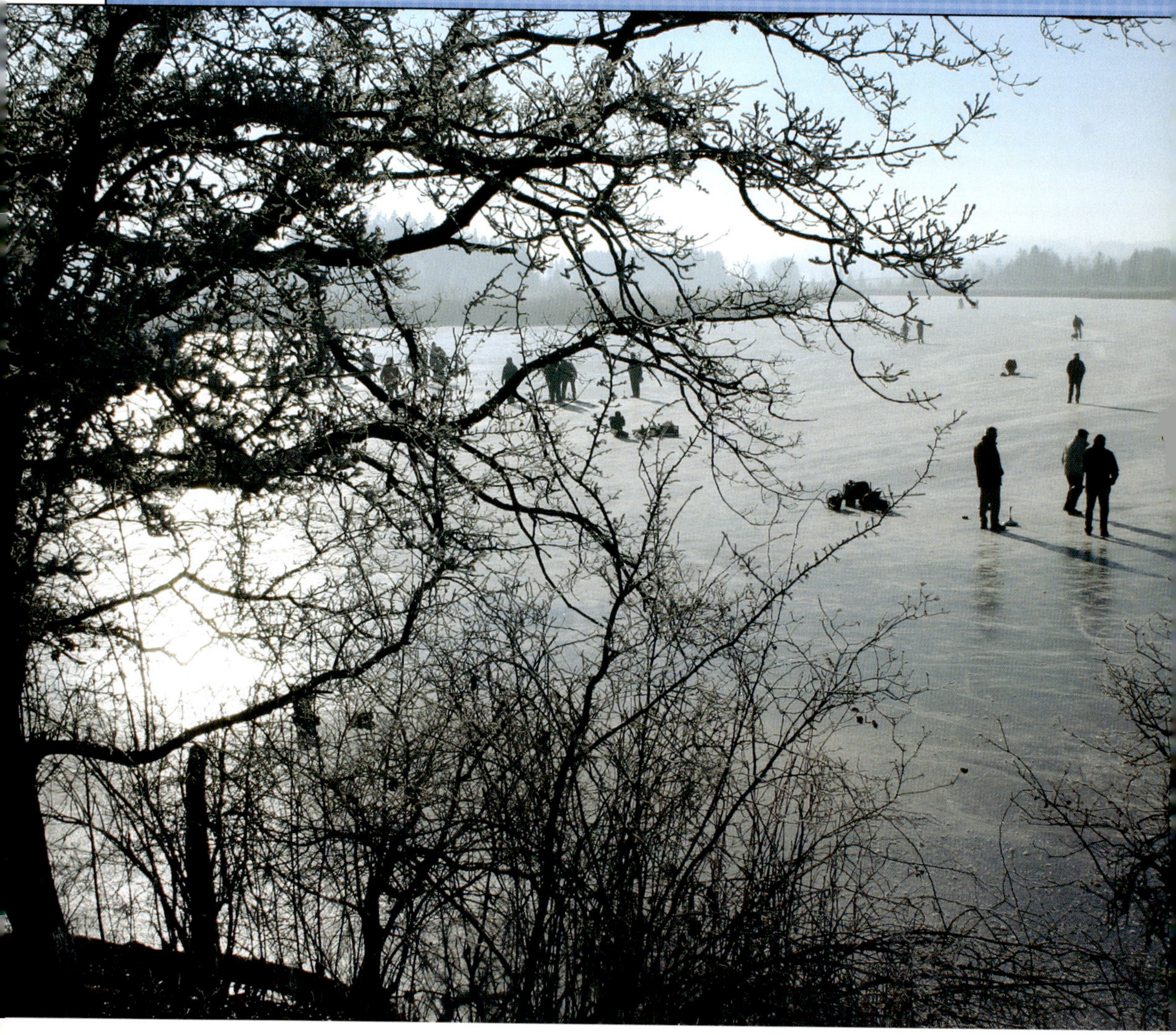

Eisblumen statt Feuerland

Wanderung um den Maisinger See

Martin Weidenhiller ist in seinem Leben als Koch viel herumgekommen. Seine erste Auslandsstation war die britische Kanalinsel Jersey, später schiffte er mit der Reederei Royal Viking Line vier Jahre auf verschiedenen Luxuslinern zum Nordkap und bis Feuerland. Heute führt er zusammen mit seiner Frau Sybille das *Landhotel Alte Linde* in Wieling bei Feldafing. Wohlwissend, dass sich die Natur auch im Fünfseenland zu jeder Jahreszeit von ihrer schönsten Seite zeigt.

S elbst im Dezember hat die Wanderung am Maisinger See ihren Reiz. Vor allem, wenn die zähe Nebeldecke urplötzlich aufreißt und die Landschaft durch die schräge Wintersonne in einem bizarren Licht erscheint. Nach tagelangem Dauerfrost verbirgt sich der See unter einer glasklaren Eisschicht, auf deren Oberfläche vom Wind geformt faszinierende Eisblumen der Kälte trotzen. Schilfgräser und Baumäste sind dick mit Raureif bedeckt, der von den Sonnenstrahlen getroffen lautlos zu Boden rieselt. In diesem magischen Moment sehnt man sich bestimmt keine Fernreise herbei.

Unterwegs im Naturschutzgebiet

Vom Ascheringer Dorfkern wandert man in wenigen Minuten in das Naturschutzgebiet am Maisinger See. Der Uferweg ist jedoch nur bei gefrorenem oder trockenem Boden zu empfehlen, nach Regentagen holt man sich in den teils sumpfigen Wiesen

	Aktivität	Wanderung
	Gehzeit	2 Stunden
	Strecke	7 km
Route	Aschering – Jägersbrunn – *Maisinger Seehof* – Aschering	
Anfahrt		
Auto	A95 nach Starnberg, B 2 (Richtung Weilheim) nach Wieling, am *Landhotel Alte Linde* rechts nach Aschering abzweigen (ca. 2 km; Parkmöglichkeit im Ort)	
Charakter	Kurze, gemütliche und stimmungsvolle Wanderung in Ufernähe des Maisinger Sees. Nach starken Regenfällen oder ergiebiger Schneeschmelze sind vor allem die Pfade am Südufer oft sumpfig und matschig; Ausweichmöglichkeit auf dem Fahrweg nach Jägersbrunn.	
Wegweiser	Kaum Beschilderungen, aber der Maisinger See erleichtert die Orientierung	
Karte	Kompass-Wk 0180 Fünfseenland, Landkreis Starnberg, 1:50.000	

Ob Eisstockschützen oder Wanderer – jeder genießt das schöne Winterwetter am Maisinger See

Aktivität: Wanderung | Gastronomie: bayerische Schmankerl, international

und im Nadelgehölz feuchte Füße. Im Weiler Jägersbrunn treffen der idyllische Pfad und der parallel verlaufende, mit „Maising" beschilderte Fahrweg aufeinander.

Hinter den Häusern von Jägersbrunn hält man sich an der Straßenkreuzung rechts und zweigt nach einigen Minuten abermals rechts in den Kiesweg ab. Dieser führt an Schafweiden vorbei zum *Maisinger Seehof*, der jedoch nur im Sommerhalbjahr geöffnet hat. Im Winter tummeln sich Eisstockschützen und Schlittschuhläufer auf dem Eis. Von hier wandert man zunächst am Maisinger Bach entlang, bevor man über die freien Wiesen wieder nach Aschering gelangt.

Eiskristalle in fotogener Schilflandschaft

Dorfweiher in Jägersbrunn

Ökologisches Küchenkonzept

Von Aschering sind es nur zwei Kilometer bis zur Olympiastraße, an der etwas rückversetzt die *Alte Linde* liegt. Im Jahr 2008 blickt Martin Weidenhiller mit Stolz auf sein 25jähriges Schaffen zurück. Wichtigste Erkenntnis: Das etablierte Lokal erfreut sich dank der schmackhaften und ökologisch orientierten Küche bis weit über die Grenzen des Fünfseenlands hinaus großer Beliebtheit. Der Landgasthof legt großen Wert auf regionale Produkte, die überwiegend aus Bio-Betrieben stammen und stets frisch zubereitet werden. Während Martin in der Küche zu großer Form aufläuft, kümmert sich seine Frau Sibylle seit 20 Jahren mit viel Umsicht um die organisatorischen Belange.

Inhaber	Sibylle und Martin Weidenhiller
Küchenchef	Martin Weidenhiller

Adresse	Wieling 5 82340 Feldafing
Telefon	081 57-93 31 80
E-Mail	hotel@linde-wieling.de
Web	www.linde-wieling.de
geöffnet	Mo–Fr 11–14 und 17–22 Uhr, am Wochenende durchgehend warme Küche
Übernachtung	komfortables 3-Sterne-Superior-Haus mit 40 Zimmern
Schmankerltipp	Samtige Kürbisrahmsuppe mit Ingwer (4,80 €), Wielinger Fuhre Mist – geschnetzelte Rinderlende mit Kartoffelecken, Sauerrahm, Würzdip, gefüllter Chilischote und gebackenem Zwiebelring (14,70 €), fangfrische Starnberger Seerenke „Müllerin Art", serviert mit Gemüse und Kartoffeln (14,90 €), Wielinger Busserl – Vanilleeis mit Kernöl und Kürbiskernsplitter im Weckglas serviert (5,50 €)

Die Qualität der fantasievoll zubereiteten Speisen liegt weit über dem Durchschnitt. Zu den Hausklassikern gehört die „Wielinger Fuhre Mist", bei der die geschnetzelte Rinderlende mit Beilagen im Wagerl serviert wird. Je nach Saison stehen sonntags die hervorragenden Enten- und Gansgerichte auf der Speisekarte – Gans gibt es allerdings nur nach Vorbestellung. Sehr gut kommen auch die kleinen Desserts an: Früchte, hausgemachte Panna cotta oder andere Köstlichkeiten werden im Glas serviert.

Bärlauchrahmsuppe

Steinbeißer in Bruschettakruste serviert mit Gemüse und Schwenkkartoffeln

Aktivität: Radtour | Gastronomie: Fischspezialitäten, selbstgemachte Kuchen

Logenplatz am Wörthsee

Radrundtour im Fünfseenland

Bei Wind muss man fast aufpassen, dass einem die Gischt der kleinen Wellen nicht auf den Teller spritzt; dass die Terrine von Edelfischen statt auf Kräuter-Limettensoße plötzlich auf frischem Wörthseewasser schwimmt. Spaß beiseite: Noch weniger Abstand zum Wasser als von der Terrasse bei *Raabe am See* ist kaum möglich. Im Winter reichen die ersten Sonnenstrahlen, um die begehrten Plätze am Wasser mit Cafégästen zu füllen. Und an lauen Sommerabenden hat man ohne Vorreservierung gar keine Chance auf das Diner bei Sonnenuntergang. Zur jährlichen Beach-Party im August geht es dann endgültig zu, wenn der „Tiger-Willi" mit poetischen Songs wie „Leberfleck" und „Wurstsalat" seinen Hausauftritt hat.

Freizeit pur im Fünfseenland

Sonnenuntergang am Wörthsee

Von der Restaurantterrasse sieht man in der Steinebacher Bucht im Sommer zahlreiche Segelboote vor Anker liegen. Das größte davon, eine Hurley 700, gehörte einem guten Freund und ist mittlerweile in den benachbarten Starnberger See umgezogen. Oft genug waren wir mit dem Schlauchboot zum Kielboot gepaddelt, nicht ohne Eile, da es offensichtlich nicht ganz dicht war und unterwegs langsam zu sinken drohte. An Bord hatten wir in wechselnden Besetzungen immer unseren Spaß und kreuzten mit mehr oder weniger Wind über den See, Badeeinheiten inklusive.

Bei der folgenden Radrundtour durch das Fünfseenland gibt es gleich an vier Seen Gelegenheit, ein erfrischendes Bad zu nehmen. Ausgangsort ist der Bahnhof Weßling mit dem Weßlinger See. Am

See folgt ein kurzer, steiler Anstieg nach Oberpfaffenhofen und die Weiterfahrt am Flugplatz vorbei Richtung Unterbrunn, bevor rechts eine Straße nach Höchstadt abzweigt. Anschließend geht es über die Orte Unering, Drößling und Frieding in zuletzt rasanter Abfahrt nach Herrsching am Ammersee. Dort steuert man Richtung Inning zum Bahngleis und folgt dem Radwegweiser durch das Naturschutzgebiet Herrschinger Moos nach Hechendorf. Im Ort an der Hauptstraße links, dann rechts in die Günteringer Straße und links auf

	Aktivität	Radtour
	Fahrzeit	2,5 Stunden
	Strecke	34 km
Route	Weßling – Hochstadt – Unering – Herrsching – Hechendorf – Steinebach – Weßling	
Anfahrt		
ÖVM	Mit der S5 nach Weßling	
Auto	Mit dem Auto auf der Autobahn A96 Ausfahrt Weßling (Parkplatz am Bahnhof)	
Charakter	Mit Weßlinger See, Ammersee, Pilsensee und Wörthsee liegen gleich vier Seen an der Strecke dieser Rundfahrt durch das Fünfseenland. Nachdem die Seen alle in einer Senke liegen, müssen entsprechend immer wieder kleinere Steigungen in Kauf genommen werden. Ab Hechendorf verläuft ein guter Teil der Strecke auf Kieswegen.	
Wegweiser	Zwischen Herrsching und Wörthsee *König-Ludwig-Radweg*	
Karte	ADFC-RK Bayer. Seen	

Radler am Ostufer des Wörthsees

Auf Segeltörn mit Besuch aus Ecuador

Aktivität: Radtour | Gastronomie: Fischspezialitäten, selbstgemachte Kuchen

dem Steinebacher Weg nach Steinebach, an der Kirche vorbei zur Seestraße und zum *Raabe am See*. Um nach Weßling zurückzukehren, nimmt man die ab S-Bahnhof beschilderte Route durch den Wald und in Weßling den Walchstadterweg bzw. die Schulstraße.

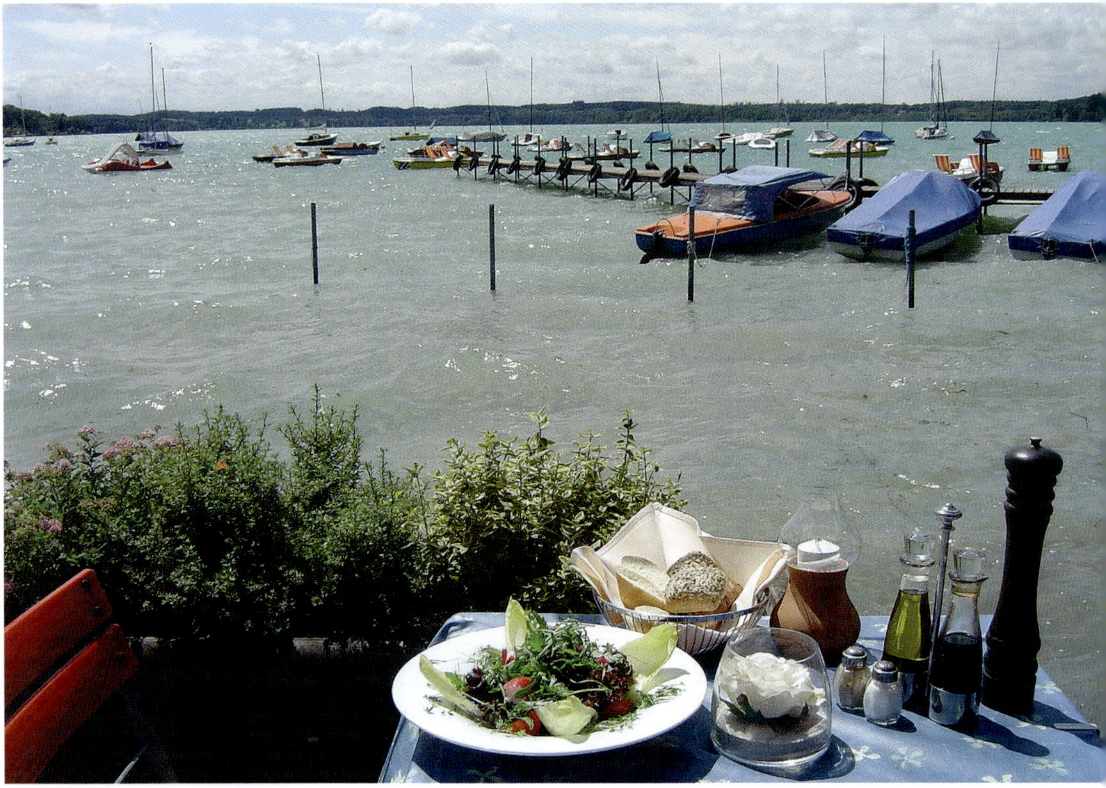

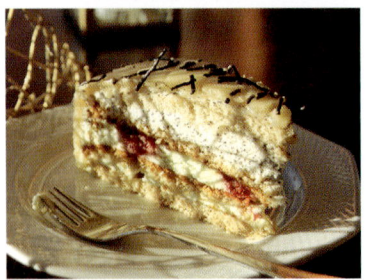

Schlemmen mit Seeblick bei Raabe am See

Küche mit Gourmetanspruch

Doch zuvor lohnt die Einkehr bei *Raabe am See*. Hier hat es einst eine Zeitreise in die Bademode des vergangenen Jahrhunderts gegeben, bei der sich die Models unter großem Jubel auf dem beleuchteten „Laufsteg" im Strandbad präsentierten. Für diese Aktion hatte Thomas Bernhard die Klamotten unter großem Rechercheaufwand vom Kostümverleih oder über Ebay beschafft. Der ausgebildete Restaurantfachmann leitet den *Raabe am See* nach einer Stipvisite im *Hotel Steigenberger Belvedere* in Davos seit 1992 als Nachfolger seiner Eltern. Nun wäre es ungerecht, eine der besten Einkehren im Fünfseenland auf die privilegierte Lage am Wörthsee und auf originelle Aktionen zu beschränken. Denn die Küchenchefin Maria Bernhard, seit 1994 mit Thomas verheiratet und inzwischen Mutter zweier Kinder, bietet

Seesaibling in der Papillote

Zutaten pro Person: *1 frischer, rot-fleischiger Seesaibling (ca. 300 g), Salz und Pfeffer aus der Mühle, frischer Estragon, Basilikum und Salbei, 1 Zehe gehackter Knoblauch, Karotten, Sellerie, Lauch, Butter, Olivenöl und Alufolie*

Zubereitung: Die Karotten und den Sellerie schälen, beim Lauch die äußeren Blätter entfernen. Alles in feine Streifen (Julienne) schneiden. Zuerst die Karotten- und Sellerie-streifen im Topf mit etwas Butter anschwitzen, dann den Lauch dazu-geben und mit trockenem Weißwein ablöschen. Den Topf mit dem Gemüse abkühlen lassen. Inzwischen den fri-schen Saibling kurz mit kaltem Wasser abwaschen, mit Küchenpapier ab-tupfen sowie mit Salz und Pfeffer innen und außen würzen. Die Kräuter waschen und zusammen mit den Gemüsestreifen und dem Knoblauch den Saibling füllen. Nun den Fisch auf ein Stück Alufolie (ca. 40 x 40 cm) legen, mit etwas Olivenöl bestreichen und die Folie ballonförmig und dicht verschließen. Im vorgeheizten Ofen bei ca. 160° Heißluft ca. 20 Min. garen. Die Folie erst beim Servieren öffnen. Dazu reichen Sie Salzkartoffeln mit frischen, gehackten Kräutern.

Seesaibling in der Papillote

eine feine, gourmeterprobte Küche. Nach der Ausbildung im Grillrestaurant des *Cafés Luitpold* in München arbei-tete sie in den renommier-ten Häusern *Dallmayr*, *Fein-kost Käfer*, *Restaurant Böttner* und *Mövenpick Zürich*.

Einer ihrer Klassiker ist der frische Seesaibling in der Papillote. Die fein ge-würzte Gemüsefüllung zergeht auf der Zunge und der Fisch hat einen guten Eigengeschmack. Dazu passt der rassig-frische Chardonnay delle Venezie. Nachdem die Gastgeber das Rezept verraten, können Hobbyköche ihr Talent auf die Probe stellen. Wichtig für das Aroma ist offenbar, die Alufolie erst beim Servieren zu öffnen. Der Schwerpunkt der Küche liegt zwar auf Spezialitäten aus dem See und Meer, doch auch die Wild- und Lammgerichte oder je nach Saisonangebot das ein oder andere vegetarische Gericht sind sehr empfehlenswert. Als Dessert verlocken die hausgemachten Strudel, Kuchen und Torten.

Inhaber	Thomas Bernhard
Küchenchefin	Maria Bernhard
Adresse	Seestraße 97 82237 Steinebach
Telefon	08153-7205
E-Mail	info@raabe-am-see.de
Web	www.raabe-am-see.de
geöffnet	Täglich ab 9.30 Uhr, im Winter Di Ruhetag
Info	Strandbad: Bei entsprechender Witterung im Sommer geöffnet, Eintritt Erw. 3 €, Kinder 1,50 €, Bootsverleih mit Ruder-, Tret- und Elektrobooten zu 6, 8 bzw. 13 € pro Stunde
Event	Beach-Party mit Liveband im August
Tipp	Täglich steht ein Biogericht zur Wahl
Schmankerltipp	Festtagssuppe mit Leber-spätzle, Pfannenkuchen-streifen und Bratnockerl (3 €), frischer Seesaibling in der Papillote gefüllt mit Gemüse, Kräuter, Knob-lauch, dazu Rosmarin-kartoffeln (15,80 €), feine Hirschmedaillons auf Cassis-Soße mit sautierten Waldpilzen, Speckrosen-kohl und Kartoffelstrudel (14,80 €), Pistazien-Mohn-Torte (2,80 €)

Aktivität: Wanderung | Der Obere Wirt zum Queri: bayerisch | Zum Wilden Hund: bayerisch

Flucht vor dem Pilgerstrom

Wanderung bei Herrsching am Ammersee

Wenn diese strahlend schönen Sonntage ins Land ziehen, herrscht im Oberland der ganz normale Wahnsinn. Zum Beispiel, wenn das Thermometer im März erstmals die 20-Grad-Marke überschreitet und die Menschen sich vom Frühling berauscht an den Seeufern die Füße platt treten. Oder zu Tausenden von Herrsching zum *Kloster Andechs* pilgern. Nicht mit uns: Nach anfänglichem Trubel ziehen wir uns in das ruhige Hinterland zurück. Und entdecken unterwegs zwei Landgasthöfe, die beide eine Einkehr lohnen.

D as Gedränge in der S-Bahn ist an solchen Tagen in etwa so groß wie jenes in der U-Bahn nach einem ausverkauften Fußballspiel in der Fröttmaninger Arena. An der Endstation Herrsching teilt sich die Menge in zwei Ströme auf: Der eine zieht zur nahen Seepromenade, wo sich an den Eisdielen lange Schlangen bilden; der andere pilgert in Erwartung einer „bierigen" Glückseligkeit zum etwa vier Kilometer entfernten *Kloster Andechs*.

*Wanderweg zwischen
Frieding und
Widdersberg*

*Heiligenfigur mit
Kirche in Herrsching*

Aktivität	Wanderung
Gehzeit	3 Stunden
Strecke	11 km
Höhenmeter	250

Route Herrsching – Kiental – Frieding – Widdersberg – Herrsching

Anfahrt

ÖVM Mit der S 5 von München nach Herrsching

Auto Autobahn A96 Ausfahrt Weßling und über Seefeld nach Herrsching. Parkmöglichkeiten im Ort

Charakter Nach dem bei Schönwetter stark frequentierten Aufstieg im Kiental wird die Wanderung deutlich ruhiger. Wechsel zwischen Waldpassagen oberhalb von Herrsching und weitläufiger Feld- und Wiesenlandschaft

Wegweiser Gut beschildert ist nur der Weg von Herrsching nach Andechs.

Karte Kompass-Wk 0180 Fünfseenland, Landkreis Starnberg, 1:50.000

Stille Genießer an der Herrschinger Promenade

Aktivität: Wanderung | Der Obere Wirt zum Queri: bayerisch | Zum Wilden Hund: bayerisch

Der Obere Wirt zum Queri

Inhaber und
Küchenchef   Hans-Martin Bauer

Adresse	Georg-Queri-Ring 9 82346 Andechs-Frieding
Telefon	08152-91830
E-Mail	info@queri.de
Web	www.queri.de
geöffnet	täglich 10–24 Uhr durchgehend warme Küche
Übernachtung	14 gemütliche Zimmer
Schmankerltipp	Salatsträußchen mit Bauernspeck und beschwipster Birne (7,30 €), An Queri sei Lieblingsschnitzel, gefüllt mit frischem Spinat und Andechser Rahmkäse, dazu Petersilienkartoffeln und Beilagensalat (13,90 €), Dunkelbier-Tiramisu (4,80 €)

Hausgemachte Maultaschen und gesottenes Angus-Weiderind beim Queri-Wirt

Anstieg im Kiental

Andechs ist so gut beschildert, dass selbst Orientierungslose die Route am Kienbach finden. Auch wir wandern etwa eine halbe Stunde auf dem Pilgerweg, bevor wir nach links in einen Waldweg biegen – als Wegweiser dient das in einen Buchenstamm geritzte „AP". Der steile Anstieg endet an einem Graben, der im Frühjahr von reichlich Bärlauch überwuchert ist. Nach Durchschreiten des Grabens halten wir uns rechts und wandern erst am Rand der Böschung entlang, dann über die Wiese direkt auf die Straße zu.

Nach Überqueren der Straße setzen wir die Wanderung auf dem Forst- und Landwirtschaftsweg fort. An der folgenden Kreuzung folgen wir dem Hauptweg nach Norden (Wegweiser „Frieding"), bevor wir auf Höhe der *Baumschule Gustav Moser* links in einen Waldpfad biegen. Dieser führt stets in Nähe des Waldrandes zuletzt mit Blick auf den Egelsee zur beschilderten Route nach Frieding.

Artgerechte Mutterkuh-Haltung

In Frieding führt am bunt bemalten Haus der Hurtenstraße 14 ein kurzer Treppenweg zum *Oberen Wirt zum Queri.* Der Landgasthof setzt seit der Pachtübernahme von Hans-Martin Bauer im Januar 2008 auf ein vielversprechendes Konzept: Ware regionaler Herkunft, keine Verwendung von Geschmacksverstärkern und Qualitäts-Rindfleisch aus der eigenen artgerechten Haltung. Die 32 Mutterkühe weiden nebst Stier nur einen Steinwurf entfernt auf den Wiesen bei Drößling, wo der Wirt im landwirtschaftlichen Betrieb seiner Eltern aufgewachsen ist. Kein Wunder also, dass das Fleisch vom gesottenen Angus-Weiderind wunderbar zart ist. Insgesamt schmeckt das Essen authentisch und frisch, selbst die in Butter geschwenkten und mit Röstzwiebeln bedeckten Maultaschen sind hausgemacht. Um die organisatorischen Belange kümmert sich mit viel Engagement Hans-Martin Bauers Lebensgefährtin Nicole Rosemann, eine Kölner Betriebswirtin.

Fränkischer Fischtopf und ein saftiges Ochsenkotelett vom Grill beim „Wilden Hund"

Zu Besuch beim *Wilden Hund*

Zurück auf der Hurtenstraße halten wir uns im Dorfzentrum rechts und zweigen links in den beschilderten Wiesenweg nach Widdersberg ab. Im Ort ist das Landgasthaus *Zum Wilden Hund* nicht zu verfehlen. Seit April 2007 gibt es auch hier neue Pächter, Christine Weinzierl und der aus Franken stammende Norbert Philipp. Bei schönem Wetter ist die Sonnenterrasse rasch gefüllt. Die Speisekarte liest sich verheißungsvoll, allerdings sind Gerichte wie ofenfrisches „Schweineschäuferla" oder Filet vom fangfrischen Saibling auf knackigen Blattsalaten an feinem Dressing von Dijon-Senf an diesem „Wahnsinns"-Sonntag rasch vergriffen. Wir begnügen uns mit dem wohlschmeckenden Fränkischen Fischtopf – feine Filets von Barsch und Saibling, wobei wir auf Letzteren mangels Vorrat leider verzichten müssen.

Ausblick vom Höhenrücken

Von Widdersberg geht es auf der Dorfstraße zum Fischweiher hinab und auf dem Teerweg in Richtung Andechs. Vom Höhenweg ergibt sich ein schöner Blick auf den Pilsensee. An zwei Weggabelung halten wir uns jeweils rechts und erreichen die Siedlung Weinberg bei Herrsching. Nach einem kurzen Stück entlang der Seefelder Straße biegen wir links in die Kientalstraße und stoßen auf die beschilderte Route zum S-Bahnhof.

Landgasthaus Zum Wilden Hund	
Inhaber	Christine Weinzierl Norbert Philipp
Küchenchef	Ralph Werle

Adresse	Dorfstraße 7 82211 Widdersberg- Herrsching
Telefon	08152 - 395 67 62
geöffnet	Mi–So 11–23 Uhr durchgehend warme Küche, April bis September nur Mo Ruhetag
Schmankerltipp	Rinderkraftbrühe mit feinen Nüdeli (2,90 €), Fränkischer Fischtopf – feine Filets von Barsch und Saibling, serviert in einem kräftigen Sud von Silvaner mit Gemüse und frischen Kräutern, dazu Baguette (8,50 €), feines Parfait aus weißem und schwarzem Mousse (4,50 €)

Aktivität: Wanderung | Gastronomie: bayerische Schmankerl

Dreiklang aus Natur, Schlemmen und Kultur

Wanderung im Bernrieder Park

Bernried wurde im letzten Jahr neben vier anderen Orten zum schönsten Dorf Bayerns gekürt. Wesentliche Wahlkriterien dürften die herrliche Lage am Starnberger See und der intakte Ortskern mit seinen alten Häusern gewesen sein. Zum Dorfinventar zählt der traditionelle *Landgasthof Drei Rosen*, der nach einem Spaziergang im wunderbaren Bernrieder Park mit einer schmackhaften Küche aufwartet. Und abschließend lohnt ein Besuch im nahen Buchheim Museum, das Natur, Kunst und Architektur unter einem Dach vereint.

Abstecher zum Buchheim Museum

Von der Schiffanlegestelle wandert man in nördlicher Richtung 900 Meter auf der Seepromenade zum Buchheim Museum, das unter der Leitung des Architekten Günter Behnisch entstanden ist. Im Mittelpunkt steht die Expressionistensammlung des mittlerweile verstorbenen Lothar-Günther Buchheim, außerdem gibt es immer wieder interessante Sonderausstellungen. Am Hirschgarten 1, Tel. 08158-99700, www.buchheimmuseum.de, geöffnet Di–So 10–18 Uhr (im Winter bis 17 Uhr), Eintritt 8,50 Euro, Schüler 3,50 Euro

	Aktivität	Wanderung
	Gehzeit	1,5 Stunden
	Strecke	6 km
Route		Bernried – Teehaus im Park – Bernried – (Buchheim Museum)
Anfahrt		
ÖVM		Mit der S6 von München nach Tutzing, Regionalzug nach Bernried (Richtung Kochel am See) oder mit der S6 nach Starnberg und mit dem Dampfer übersetzen
Auto		A95 nach Starnberg, B2 (Richtung Weilheim) bis zum Abzweig Tutzing, von dort weiter nach Bernried (Parkplatz an der Tutzinger Straße im Ortskern)
Charakter		Entspannung pur auf den Spazierwegen im Bernrieder Park. In Bernied und Richtung Buchheim Museum wandert man teilweise auf Teerwegen.
Variante		Vom Wegverzweig beim Teehaus lohnt der Abstecher nach Seeseiten (Strecke hin und zurück: 3,8 km, Gehzeit: 45 Min.).
Wegweiser		Der Rundweg im Park und der Anmarsch zum *Buchheim Museum* sind beschildert. Der Uferweg ist mit dem König-Ludwig-Wanderweg identisch.
Karte		Kompass-Wk 0180 Fünfseenland, Landkreis Starnberg, 1:50.000

Im Bernrieder Stiftungspark hat man direkten Zugang zum Starnberger See.

B esonders schön ist der Ausflug in Kombination mit einer Dampferfahrt auf dem Starnberger See. Nach dem Saisonauftakt zu Ostern legt das Schiff jeden Sonn- und Feiertag um 13 Uhr in Starnberg ab, Bernried wird um 14.48 Uhr erreicht. Ab Mai verkehren die Schiffe täglich, die Museumslinie fährt sogar in gut einer Stunde nach Bernried (mehr Infos unter www.seenschiff-fahrt.de). Die Rückfahrt erfolgt dann mit dem Zug vom Bernrieder Bahnhof und der S-Bahn ab Tutzing.

Im romantischen Bernrieder Park

Von der Schiffanlegestelle, die auch vom Parkplatz an der Tutzinger Straße in wenigen Minuten erreichbar ist, sind es nur wenige Schritte bis zum Wilhelmina-Busch-Woods-

Aktivität: Wanderung | Gastronomie: bayerische Schmankerl

Blick auf den See und die Alpen beim Teehaus

Panna cotta mit Karamell-soße an marinierten Orangen nach Verzehr des Klostersteaks

Stiftungspark am Bernrieder Kloster. Das 80 Hektar große Areal wurde Mitte des 19. Jahrhunderts vom königlichen Oberhofgärtner Carl und dessen Sohn nach Vorbild eines englischen Parks angelegt und genießt heute Landschafts- und Denkmalschutz. Besonders schön ist der malerische Uferweg, an dem mehrere Ruhebänke mit herrlichem Seeblick zum Verweilen einladen. Auf den weitläufigen Wiesen stehen markante Baumsolitäre, darunter auch einige knorrige Eichen.

Nach Passieren des Teehauses, die einzige Bebauung im Parkareal, trifft man auf eine Weggabelung. Wer die Wanderung ausdehnen will, folgt dem Wegweiser zwei Kilometer weit nach Seeseiten. Alternativ macht man sich gleich auf den Rückweg und spaziert durch eine schöne Baumallee und auf dem Reitweg nach Bernried. Letzterer mündet in die Dorfstraße, auf der man links nach wenigen hundert Metern zum *Gasthof Drei Rosen* gelangt.

Wieder in aller Munde

Seit der Pachtübernahme von Katrin Leopold genügt der Landgasthof auch kulinarisch wieder höheren Ansprüchen. Die vorwiegend bayerischen Gerichte kommen nicht nur frisch, sondern auch fantasievoll verfeinert auf den Teller. Wer deftige Kost bevorzugt, ist in den ungeraden Wochen jeweils freitags mit der klassischen Schlachtplatte – Kesselfleisch und frisch gekochte Blut- und Leberwurst mit Sauerkraut und Kartoffeln – gut bedient.

Ein Hausklassiker ist das Klostersteak, eine mit Almschinken und Klosterkäse gefüllte Rinderlende. Für die „Gschleckerten" gibt es Desserts wie Panna cotta mit Karamellsoße an marinierten Orangen oder Parfait von weißer Schokolade an Rumtopf-Früchten. Es stehen aber auch fürstliche Drei-Gänge-Menüs zur Wahl, die romantisch veranlagte Gäste mit Vorliebe bei Kerzenschein im Fischerstüberl zu sich nehmen.

Klosterkirche in Bernried

Inhaber	Kathrin Leopold
Küchenchef	Gerold Zichner

Adresse	Dorfstr. 11 82347 Bernried
Telefon	08158-904053
E-Mail	info@dreirosen-bernried.de
Web	www.dreirosen-bernried.de
geöffnet	täglich 11–24 Uhr
Hinweis	Seit 17.03.2008 ist der Landgasthof offizieller Raucherclub. Für Nichtraucher steht das Fischerstüberl zur Verfügung.
Übernachtung	13 Gästezimmer und eine Ferienwohnung
Schmankerltipp	frische Blattsalate in Balsamico-Vinaigrette mit Renkenstreifen (8,90 €), Cordon Bleu von Lachs und Zander mit Zitronen-Tomatenwürfeln, serviert mit Petersilienkartoffeln (14,50 €), „Klostersteak" – gefüllte Rinderlende mit Almschinken und Klosterkäse auf Dunkelbiersoße mit Kässpatzen und gemischtem Salat (14,80 €), Parfait von weißer Schokolade an Rumtopf-Früchten (6,20 €)

Aktivität: Wanderung | Gastronomie: Fisch- und Wildgerichte

Beim Jäger und Sammler

Wanderung Höllriegelskreuth – Schäftlarn

Vor den Toren Münchens zeigt die Isar vor allem am Georgenstein ihr wildes Gesicht. Hier müssen Floß- und Kajakfahrer sowie wagemutige Schwimmer gleichermaßen vor gefährlichen Kehrströmungen auf der Hut sein. Romantische Grillabende auf den einladenden Kiesbänken sind selbst im Sommer Mangelware, weil diese idyllische Flusslandschaft zu weit von der Zivilisation entfernt ist. Doch warum Grillen, wenn beim *Bruckenfischer* sowohl im Biergarten als auch in der Stube so fein getafelt werden kann. Was Josef Wagner mit seinem Team an Fisch- und Wildgerichten auftischt, ist aller Ehren wert. Und dass die aus Icking stammende Vera bereits seit 13 Jahren im Service tätig ist, spricht für das gute Betriebsklima.

Wege am Wasser im Isartal

D er Anmarsch zum *Bruckenfischer* durch das Isartal ist kurzweilig und schön. Vom Bahnhof Höllriegelskreuth wandert man 200 Meter entlang der Straße Richtung Osten, dann links über die Fußgängerbrücke zum Isarhochufer und weiter rechts den Treppensteig zur Grünwalder Brücke hinab. Im Isartal angekommen folgt man dem Fahrweg an der *Gaststätte Brückenwirt* vorbei am Isarkanal entlang zum Grünwalder Stauwehr. Noch vor dem Wehr zweigt rechts ein Weg ab und führt am Klettergarten vorbei in leichtem Auf und Ab zum Georgenstein.

Vom Bruckenfischer zeigt sich das Kloster Schäftlarn.

Es folgt eine abwechslungsreiche Wegpassage durch schönen Buchenwald, auf der wir die Isar meist aus den Augen verlieren. Quellbäche und Waldtümpel bieten Hobbyfotografen reizvolle Motive. Schließlich queren wir auf verwinkel-

Aktivität	Wanderung
Gehzeit	3 Stunden
Strecke	13 km

Route	S-Bahnhof Höllriegelskreuth – Georgenstein im Isartal – *Bruckenfischer* – Kloster Schäftlarn – S-Bahnhof Schäftlarn-Ebenhausen

Anfahrt

ÖVM	Mit der S7 von München nach Höllriegelskreuth
Auto	Auf der B11 Richtung Wolfratshausen und von dort Richtung Grünwald abzweigen oder über die Grünwalder Brücke (Parkplatz am Bahnhof). Rückfahrt mit der S-Bahn

Charakter	Streckenwanderung zwischen Grünwalder Brücke und Schäftlarn im Isartal. Die größtenteils bewaldete Route erlebt am Georgenstein ihren landschaftlichen Höhepunkt. Kleiner Anstieg zur S-Bahn in Schäftlarn

Wegweiser	Im Zweifelsfall immer dem gelben Richtungspfeil folgen
Karte	Kompass-WK 180 Starnberger See
Tipp	Alternativ lohnt der gut markierte Rundweg „Natur" vom Parkplatz *Bruckenfischer* über *Aumühle* und Ickinger Wehr (9,8 km).

tem Pfad eine Bachschlucht und steigen nach einer Waldsenke an der Weggabelung links zu einem Anwesen hinab. Dahinter führt eine Holzbrücke zum Isardamm, auf dem die restliche Strecke mit Blick auf Kloster Schäftlarn zurückgelegt wird. Nach der Einkehr im *Bruckenfischer* wandert man auf dem Weg zum beschilderten Treppenanstieg zur S-Bahn am Kloster vorbei.

Isarforelle von der *Aumühle*

Wer so lange am Isarwasser entlanggewandert ist, verspürt vielleicht Appetit auf eine frische Isarforelle. Glücklicherweise hat sich der Fischbestand in der Isar in den letzten Jahren wieder erholt, auch weil durch die Treppeninstallation am Ickinger Stauwehr die Fischwanderung nicht mehr behindert wird. Der Königsfisch unter den Isarfischen – der Huchen oder auch sogenannte Donaulachs, der bis

Im Isartal gibt es viele Plätze zum Genießen und Verweilen.

Aktivität: Wanderung | Gastronomie: Fisch- und Wildgerichte

Inhaber und Küchenchef	Josef Wagner
Koch	Ronny Leupold
Adresse	Dürnstein 1 82544 Egling
Telefon	08178-3635
E-Mail	bruckenfischer@t-online.de
geöffnet	täglich ab 10 Uhr
Schmankerltipp	Fischgerichte wie frische Isartal-Forelle mit Kräutern gebraten, dazu Kartoffeln und Salat (13,90 €), Rotbarschfilet gebacken mit Kartoffel-Gurkensalat mit Remouladensoße (9,90 €), außerdem Wildgerichte aus eigener Jagd. Mi Schnitzeltag (5,50 €), Fr Forellentag (9,90 €)

Im Biergarten wird fein getafelt

Kabeljaufilet auf Tomaten-Paprikagemüse mit Broccoli und Salzkartoffeln

Warmgeräucherter Lachs

Zutaten: 4 x 120g Lachstranche, Lake aus 1l Wasser, 40g Salz, 4 Wacholderbeeren, 4 Piementkörner, 2 Lorbeerblätter, 1TL Senfkörner

Zubereitung:
1 TL Senfkörner aufkochen und abkühlen lassen. Lachstranche in Lake einlegen und 24 Std. kühl stellen. Dann Fisch abtrocknen und im Ofen oder mit Sägemehl und restlichen Gewürzen im Topf räuchern: Hierfür Kuchengitter über Sägemehl legen, den Fisch auf das Gitter, Topfdeckel schließen und bei 80° 15–20 Min. erhitzen, bis der Topf zu rauchen anfängt. Zum Lachs Apfel, Sahnemeerrettich und evtl. Feldsalat reichen.

zu 140 Zentimeter lang und 25 Kilogramm schwer werden kann – wird jedoch selten aus dem Wasser gezogen. Natürlich darf man sich das Anglerglück auch mit den Forellen nicht so romantisch vorstellen – die meisten Fische stammen aus der Fischzucht *Aumühle*. Dennoch ist Josef Wagners mit Dill, Petersilie, Kerbel, Estragon und Schnittlauch gefüllte Kräuterforelle ein echter Isarfisch und nebenbei sehr schmackhaft. Kurz vor dem Servieren wird sie übrigens noch mit Knoblauchkräuterbutter und Zitrone beträufelt.

Über Fische und vor allem über Wild kann man sich mit Josef Wagner lange unterhalten. Denn der Gastronom ist begeisterter Hobbyjäger und somit während der Saison gerne auf der Pirsch. Seit 1987 hat er sein grünes Abitur, die Jägerprüfung, in der Tasche, bevorzugtes Jagdrevier ist Niederbayern. Im Herbst erlegt er mit seinen Jagdfreunden neben Hasen, Füll- und Wildenten bis zu zehn Fasane pro Treibjagd. Dabei schießt er vor allem die „Gockel", um ein intaktes Brutverhalten zu ermöglichen. Es versteht sich von selbst, dass das Wild auf der Speisekarte aus der eigenen Jagd stammt. Zu

seinem Jagdeifer passt übrigens das Gemälde „Graureiter im Isartal" in der Stube, die bemerkenswerte Kaffeemühlensammlung hingegen entspringt seiner großen Sammlerleidenschaft.

Aktivität: Radtour, Ski-Langlauf | Gastronomie: bayerische und internationale Küche

Klein-Schwabing im Loisachtal

Radrundtour zwischen Icking und Münsing

Nur wenige Schritte vom *Rittergütl* entfernt geht gelegentlich Ottfried Fischer alias der „Bulle von Tölz" im Hollerhaus (*Pension Resi*) ein und aus, um seine Film-Mama zu besuchen. In den Drehpausen der bekannten Fernsehserie kam das Filmteam früher immer wieder mal zum Mittagessen ins *Rittergütl*, bis der geizige Regisseur lieber den Pizzaservice bemühte. Doch auch ohne Fischer & Co. mischen sich im Landgasthof immer wieder prominente Köpfe unter das bunt gemischte Publikum. Schauspieler wie Daniel Friedrich oder Peter Kremer etwa geben sich in der Wirtschaft absolut authentisch. Hier muss sich niemand verstellen, sei es die Schülerschar vom Günther-Stöhr-Gymnasium, der Rentner von nebenan, der einheimische Bauernstammtisch, Familien mit temperamentvollen Kindern oder eben die Künstlernaturen.

Mit dem Rad zum Buchsee

D a es viele schöne Radwege rund um das *Rittergütl* gibt, empfiehlt sich zur warmen Jahreszeit vor der Einkehr eine Radtour. Beliebtes Ziel vor allem bei Familien ist der nahe Buchsee. Vom Ickinger Bahnhof fährt man den Wenzberg hinab zur B 11 und weiter nach Walchstadt. Bevor es zum See geht, machen wir jedoch

In der Radlpause auf Entdeckungstour am Buchsee

Aktivität: Radtour, Ski-Langlauf | Gastronomie: bayerische und internationale Küche

Aktivität	Radtour
Fahrzeit	2 Stunden
Strecke	26 km

Route Icking – Walchstadt – Dorfen – Münsing – Buchsee – Höhenrain – Bachhausen – Irschenhausen – Schäftlarn (Icking)

Anfahrt

ÖVM Mit der S7 nach Icking, Rückfahrt auch ab Hohenschäftlarn möglich

Auto Autofahrer parken am *Rittergütl* in Irschenhausen (auf der B11 Abzweig hinter Schäftlarn) und beginnen ihre Radelrunde dort.

Charakter Gemütliche Radtour auf meist verkehrsberuhigten Straßen zwischen Isartal und Starnberger See. Zwischen Münsing und Höhenrain gibt es eine Bademöglichkeit im moorigen Buchsee. Einzelne kleinere Steigungen.

Wegweiser Von Icking zunächst in Richtung Buchsee, der jedoch erst auf dem Rückweg anvisiert wird. Später sind Icking und Schäftlarn beschildert.

Karte ADFC-RK München/ Alpenvorland

Im Winter lässt sich das *Rittergütl* mit einer Langlauf-Runde zwischen Walchstadt und dem *Bergkramerhof* kombinieren (ca. 15 km)

noch einen kleinen Schlenker über Dorfen nach Münsing. Der Ort liegt privilegiert auf einer Anhöhe und gilt als Sonnenstube des Starnberger Sees. Aus diesem Grund ist in der näheren Umgebung der Urlaub auf dem Bauernhof bei Jung und Alt gleichermaßen gefragt.

Der von Schilf umrahmte Moorsee liegt in einer Waldsenke und war lange Zeit ein Geheimtipp unter Münchener Badefans. An heißen Sommertagen stürzen sich zahlreiche Kinder mit Schlauchbooten, Gummitieren und Fangnetzen in den See, selbst die Kleinsten finden am warmen Wasser rasch Gefallen. Die Liegewiese ist weitläufig, Schattenplätze sind jedoch rar. Der Service der Badeanstalt beschränkt sich auf eine improvisierte Einkehr, doch vielleicht macht gerade seine Naturbelassenheit den Reiz des Buchsees aus. Nach der Badepause geht es dann über Höhenrain, Bachhausen und Mörlbach nach Irschenhausen zum *Rittergütl*.

Das erste Dorf südlich von München

In Irschenhausen, das der Volksmund früher wegen der Ansammlung prominenter Künstler und dem Laissez-faire Klein-Schwabing nannte, werden die Kühe wie zu Urgroßmutters Zeiten nach 17 Uhr in die Hofställe getrieben. Seit rund 150 Jahren bereits wohnen Landwirte und Künstler hier Tür an Tür, Kommunikationsprobleme gibt es keine. Erst recht nicht im *Rittergütl*, das seit 30 Jahren in Besitz der Familie Weiss ist. Da der heutige Inhaber Richard Weiss im Herbst 2004 Nachwuchs bekommen hat, setzt sich die Familientradition möglicherweise auch in Zukunft fort.

Wer beim Essen gerne Leute beobachtet und die Multi-Kulti-Gesellschaft zu schätzen weiß, wird den Aufenthalt im *Rittergütl* in

Blumenwiese bei Münsing

sehr guter Erinnerung behalten. Abgesehen davon bietet der *Land-gasthof* auch eine schmackhafte Küche. Im Sommer lockt der schöne Biergarten mit Alpenblick, ein ideales Ziel vor allem für die Radfahrer. Dann offeriert die Speisekarte ob des Ansturms eher bodenständige Kost wie den legendären Schweinekrustenbraten, ohne dass die Frische der Produkte darunter leiden würde. In ruhigeren Zeiten hingegen zeigt der Küchenchef, was an Esprit und Raffinesse in ihm steckt. Wir erfreuten uns im Winter an der köstlichen Fluss-krebssuppe mit Einlage, an Rote Beete Carpaccio mit Heilbutt-Limetten-Dressing und an einem Lammfilet mit Senf-Kräuterkruste auf Fenchelgemüse mit Kartoffelgratin.

Inhaber Küchenchef	Karin und Richard Weiss Richard Weiss
Adresse	Ebenhauser Straße 26 82057 Irschenhausen
Telefon	08178-3803
geöffnet	Täglich außer Di ab 10 Uhr
Schmankerltipp	Wiener Schnitzel vom Kalb mit Röstkartoffeln und gemischtem Salat (12,40 €), Schweinekrustenbraten mit Majoran, Kartoffel-knödel und Blaukraut (8,30 €), Wallerfilet gedünstet in Lauchsud, frischer Meerrettich und Wilderreis (13,50 €), Babyananas mit Zitronen-eis (4,80 €)

Im Sommer, wenn der Biergarten im Rittergütl *zu einer Einkehr verlockt, stehen Gerichte wie Rote-Beete-Carpaccio mit Heilbutt und Limettendressing nicht auf der Speisekarte.*

Aktivität: Wandern, Ski alpin und Rodel | Gastronomie: gehobene bayerische Küche, international

Film- und Bergkulisse

Wanderung im Loisachtal

Wer den bayerischen Kultfilm „Das Ei ist eine geschissene Gottesgabe" kennt, der hat vielleicht noch die Bilder von der *Sprengenöder Alm* mit der Oma Sophie Geisberger in der Hauptrolle im Kopf. Die Uroma Sophie hatte die Alm 1949 gegründet, um den Ausflugsgästen eine deftige Brotzeit aufzutischen. Nach einigen Pächterwechseln wird die Alm seit Mitte 2007 wieder ganz im Sinne der Oma von der Familie betrieben. Und auch diverse Filmteams bewerben sich von Zeit zu Zeit für den ein oder anderen Dreh.

D ie *Sprengenöder Alm* liegt in der Tat sehr privilegiert. Von der Ausflugsterrasse genießt man den großartigen Blick auf das Loisachtal mit unserer Wanderroute und der prächtigen Bergkulisse im Hintergrund.

An der Loisach nach Beuerberg

Schöner Wanderweg am Ufer des Loisach-Isarkanals

Am südlichen Ortsrand von Eurasburg zweigt die Unterherrnhauser Straße nach Baierlach und zum nahen Loisachufer ab. Der Wanderweg führt mit zeitweiligem Blick auf die Benediktenwand am Loisach-Isar-Kanal entlang direkt nach Beuerberg. Jenseits der

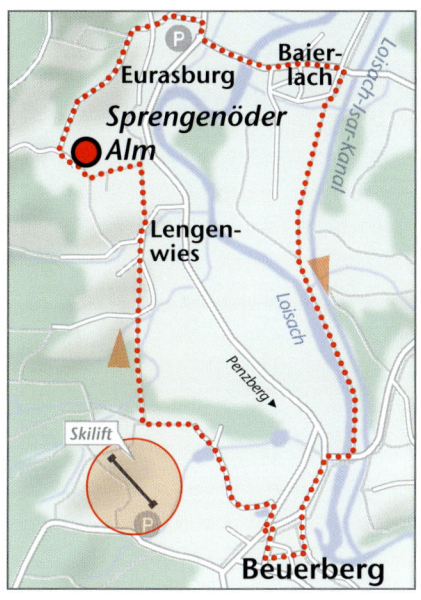

	Aktivität	Wanderung
	Gehzeit	2,25 Stunden
	Strecke	8 km
	Höhenmeter	125

Route	Eurasburg – Beuerberg – Sprengenöd – Eurasburg
Anfahrt	
Auto	Autobahn A95 Richtung Garmisch, Ausfahrt Wolfratshausen und auf der Landstraße nach Beuerberg. Parkmöglichkeit in der Beuerberger Straße nördlich des Rathauses
Charakter	Nach kurzer Wegstrecke auf dem Asphalträßchen geht es am Ufer des Isar-Loisach-Kanals nach Beuerberg. Auf dem Rückweg muss der kurze, steile Anstieg nach Sprengenöd bewältigt werden.
Wegweiser	Vereinzelte Rad- und Wanderwegweiser
Karte	Kompass-Wk 0180 Fünfseenland, Landkreis Starnberg, 1:50.000

Loisachbrücke gelangt man auf der Herrnhauser Straße, dem Loisachweg und der Klosterstraße zum 1121 durch Graf Otto von Eurasburg gegründeten Kloster, das früher die Augustiner-Chorherren und heute die Eurasburger Salesianerinnen – Schwestern von der Heimsuchung Mariä – beherbergt.

Vom Kloster wandert man auf dem Lindenweg und der Kuglstadtstraße an der Metzgerei Huber vorbei zur Hauptstraße. Hinter dem Dorfweiher führt die Waldhauserstraße über eine Wiese, dann geht es durch einen bewaldeten Bachgraben zum Rad- und Wanderweg nach Eurasburg. Nach Passieren des Habichtgrabens erfolgt durch eine Waldstufe der beschilderte Schlussanstieg zur *Sprengenöder Alm*.

Ski- und Rodelvergnügen in Beuerberg

In Beuerberg hält Otto Mannheim seit 35 Jahren mit viel Engagement einen kleinen Skilift in Schuss. Er präpariert die Piste wie früher mit der alten, zur Pistenraupe umfunktionierten Isetta. Witzig anzusehen sind auch die Ritterburg und der bunte Zirkuswagen, wo sich die Kinder während ihrer Skikurse aufwärmen und Brotzeit machen können. Die Skischule managen Ottos Töchter Sabine und Claudia, während seine Frau im Kassenhäusl die Tickets verkauft. Zum Saisonabschluss findet immer das begehrte Zwergerlrennen statt, für die besten Kids gibt es am Ende Pokale. Der Skilift ist jedoch nur bei ausreichender Schneelage in Betrieb. Mehr Infos unter Tel. 08171-26074 und www.skischule-beuerberg.de

Wenn ausreichend Schnee liegt, können sich Kinder in der Beuerberger Skischule zu einem Kurs anmelden.

Aktivität: Wandern, Ski alpin und Rodel | Gastronomie: gehobene bayerische Küche, international

Inhaber	Theresia Geisberger
	Werner Reischer
Küchenchef	Werner Reischer

Adresse	Sprengenöd 4
	82547 Eurasburg
Telefon	08179-93100
E-Mail	info@sprengenoeder-alm.de
Web	www.sprengenoeder-alm.de
geöffnet	Täglich warme Küche
	von 11–22 Uhr
Übernachtung	Gästezimmer und
	Apartments z. T. mit
	Bergblick und Balkon
Schmankerltipp	Zucchini-Bauernsalat mit
	Schafskäse, Gurken, Toma-
	ten, Rucola, Oliven und
	Parmaschinken (7,90 €),
	Böfflamott – geschmorter
	Rinderbraten mit Wurzel-
	gemüse, Rotweinsoße und
	abgebräuntem Servietten-
	knödel (8,90 €), Band-
	nudeln in Pilzrahmsoße
	mit Kirschtomaten, Garne-
	len und Forellenkaviar
	(9,90 €), Himbeerpfann-
	kuchen mit Kokosraspeln,
	Ahornsirup und frischer
	Pfefferminze (4,50 €)

Beim Spitzenkoch gelernt

In Sprengenöd kommen vor allem die Genießer der gehobenen bayerischen Küche auf ihre Kosten. Der Küchenchef Werner Reischer arbeitete viele Jahre bei Käfer und mit Spitzenköchen wie Eckart Witzigmann, dementsprechend raffiniert bereitet er viele seiner Speisen zu. Zu seinen Spezialitäten gehört die gebratene, niederbayerische Luggeder Ente mit Kartoffel-Kirsch-Knödel, feinem Pflaumenblaukraut und kräftiger Entensoße. Fleisch und Gemüse beziehen die Gastronomen in der Regel von alteingesessenen Landwirten im Tölzer Land, je nach Angebot kommt auch mal ein Lamm oder Spanferkel vom Biobauern auf den Tisch. Ein Renner ist auch der karamelisierte Kaiserschmarrn, der im Pfanderl mit gerösteten Mandeln, Rosinen und Zwetschgenröster serviert wird.

Abseits jeglichen Autoverkehrs genießt der Gast von der großen Südterrasse und dem Biergarten den schönen Bergblick. Für die Kinder gibt es im Freien ausreichend Platz zum Spielen und Toben, sofern nach der Wanderung überhaupt noch Bedarf vorhanden ist. Anderseits ist der Abstieg nach Eurasburg auf der Sprengenöder Straße rasch bewältigt. Im Ort geht es geradeaus auf der Straße Schlossblick zum Parkplatz am Rathaus hinab.

Dorfweiher in Beuerberg mit Blick auf die Benediktenwand, anschließend Einkehr in der Sprengenöder Alm

Aktivität: Radtour, Ski-Langlauf | Gastronomie: bayerische und mediterrane Küche

Im Blumengarten und unter Kreuzgewölben

Radtour zwischen Otterfing und Dietramszell

Dietramszell liegt abseits der großen Touristenströme, die frequentierten Bundesstraßen nach Bad Tölz und zum Tegernsee sind nicht einmal akkustisch wahrnehmbar. In dieser Abgeschiedenheit genießt der Radfahrer vor allem im Sommer, wenn sich am nahen Waldweiher die Ringelnattern sonnen, die idyllische Voralpenlandschaft in vollen Zügen. Die *Klosterschänke* von Dietramszell versteckt sich in einer Senke und bietet nach dem Pächterwechsel vor einigen Jahren eine vorzügliche Küche.

Von Otterfing nach Dietramszell

Vom Otterfinger Bahnhof geht es zügig auf der Bahnhofstraße und Dietramszeller Straße westwärts aus dem Ort heraus. Bei Erlach biegt man links in den Jasberger Weg und steuert über das auf einer kleinen Anhöhe gelegene Jasberg im Bogen nach Baiernrain. Über Linden und Reuth erreicht man durch ein schönes Hochtal Harmating und nach zügiger Abfahrt die Weihermühle am Har-

Zwischen Linden und Harmating fährt man teils durch Wald, teils über Wiesen auf wenig befahrenen Straßen.

Aktivität: Radtour, Ski-Langlauf | Gastronomie: bayerische und mediterrane Küche

Aktivität	Radtour
Fahrzeit	2,5 Stunden
Strecke	34 km

Route
Otterfing – Linden – Harmatinger Weiher – Dietramszell – Otterfing

Anfahrt

ÖVM
Mit der S5 Richtung Holzkirchen nach Otterfing

Auto
A8 Ausfahrt Hofoldinger Forst und über Sauerlach nach Otterfing (großer Parkplatz am Bahnhof)

Charakter
Von Otterfing nach Harmating verläuft die Route überwiegend flach über Wiesen und Felder, seltener durch Wald. Dann folgt nach der Abfahrt zum Harmatinger Weiher der heftige Gegenanstieg nach Humbach. Weiter abwechslungsreich über Dietramszell zurück zum Ausgangsort. Die Strecke ist durchgehend asphaltiert.

Karte
ADFC-RK München/ Alpenvorland, 1:75.000

3 km nördlich von Dietramszell beginnt an der Kapelle St. Leonhard die Rundloipe nach Humbach (8 km), die abwechselnd durch Wald, über Wiesen und durch ein Hochmoor führt. Deutlich anspruchsvoller ist die kurz vor Humbach abzweigende, hügelige Streckenloipe über Schalkhofen nach Thanning (gesamt 19 km).

matinger Weiher. Am beliebten Badesee beginnt der zunehmend steiler werdende Anstieg durch Wald nach Humbach, bevor uns die kurvenreiche Landstraße nach Dietramszell führt. Die Klosterschänke liegt unterhalb des Ortskerns in einer Senke.

Wohlfühlambiente bei schmackhaftem Essen

Von außen lässt sich die angenehme Atmosphäre im alten Gewölbesaal kaum erahnen, doch wer erst einmal am Holztisch sitzend die täglich frischen Blumen betrachtet und die alten Fotografien über den Schiefertäfelchen entdeckt, fühlt sich auf Anhieb geborgen. Die rot lackierte Bar passt eigentlich gar nicht zu dem alten Ambiente und fügt sich dennoch harmonisch in das Gesamtbild ein. Noch schöner sitzt man bei warmer Witterung auf der liebevoll auf zwei Ebenen angelegten Gartenterrasse. Beim Anblick der farbenfrohen Blumenpracht lässt sich erahnen, wieviel Zeit die selbsternannte Hobbygärtnerin und Chefin Traudi Haindl für das Wohlbefinden ihrer Gäste investiert.

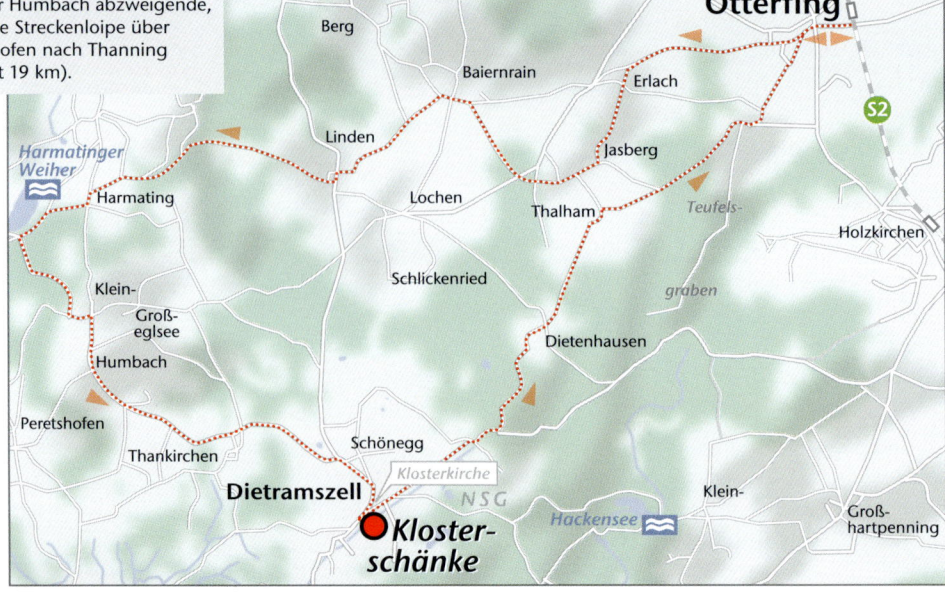

Inhaber Küchenchef	Traudi u. Andreas Haindl Florian Guggenbichler u. Christoph Zenzinger
Adresse	Klosterplatz 2 83623 Dietramszell
Telefon	0 80 27 - 90 45 00
E-Mail	info@klosterschaenke-dietramszell.de
Web	www.klosterschaenke-dietramszell.de
geöffnet	Täglich außer Di ab 11 Uhr
Übernachtung	Doppelzimmer mit Frühstück
Schmankerltipp	Leberspätzlesuppe (2,80 €), Schweinefilet auf Rahmschwammerl mit hausgemachten Spätzle (12,50 €), Gnocchi in Butter mit gebratenen Reherl, Tomatenwürfeln und frischem Parmesan (8,50 €), Zwetschgenröster mit Vanilleeis (4,50 €); je nach Saison diverse Aktionswochen

Dabei hatte die Klosterküche bis vor kurzem gar keinen so vorteilhafen Ruf, doch nachdem das Ehepaar Haindl vor rund fünf Jahren das Zepter übernahm, ging es mit der Wirtschaft steil bergauf. Bei der Bestellung des Essens kann man keinen Fehler begehen, alles ist frisch zubereitet und sehr geschmackvoll. Das gilt auch für die gemischte Dessertplatte, die das Menü überzeugend abrundet.

Bunter Dessert-Teller im farbenprächtigen Biergarten

Der Rückweg verläuft von der *Klosterschänke* ein Stück weit in Richtung Holzkirchen, bevor unsere Route nach links über Dietenhausen und Thalham nach Otterfing abzweigt.

Feine Kalbsleber auf Rotweinschalotten, Kartoffelbrei und Blattsalat

Zutaten: *800 g Kalbsleber, 150 g Zucker, 20 Schalotten, 1/4 l guten Rotwein, 1 Messerspitze Nelken, 1 Lorbeerblatt, Salz, Pfeffer aus der Mühle, alten Balsamico-Essig*

Zubereitung: Die frische Kalbsleber enthäuten (Leber kaufen Sie am Besten aus der Region oder noch besser vom Vollmilchkalb bei Ihrem Metzger oder direkt beim Bauern). Die Leber in dünne Scheiben schneiden und in Mehl wenden. Den Zucker karamelisieren, die Schalotten kurz glasig dünsten, Lorbeerblatt und Nelken zugeben, mit Rotwein ablöschen, einreduzieren bis es eine soßenartige Konsistenz erhält, mit Salz, Pfeffer und je nach Geschmack mit ein paar Tropfen altem Balsamico abschmecken. Wenn die Soße und das Gemüse fertig sind, die Leber in Olivenöl oder Butterschmalz rosa braten. Dazu passen Kartoffelbrei und ein knackiger Blattsalat.

Aktivität: Radtour | Gastronomie: bayerische Schmankerlküche

Tradition am Kirchseemoor

Radrundtour zwischen Holzkirchen und dem Kirchsee

Ein Kompliment dürfen wir den Wirtsleuten Sabine und Peter Rank gleich im Voraus machen: Wo immer wir während unserer Recherchen im Alpenvorland auf den *Jägerwirt* zu sprechen kamen, alle waren sie über die hervorragende Küche voll des Lobes. Kein Wunder, nachdem die Familie Rank das Gasthaus bereits in der vierten Generation betreibt und die legendäre Kalbs- und Schweinshax'n oder die hervorragenden Wildgerichte nicht an Qualität eingebüßt haben. Wenn der Radler jedoch spontan einkehrt, muss er damit rechnen, dass mancher Klassiker aufgrund der großen Nachfrage schon nicht mehr vorrätig ist.

Auf Schleichwegen nach Kirchbichl

Radeln am Wasser: Der Kirchsee mit Kloster Reutberg von seiner schönsten Seite

Vor allem in Warngau passiert man schöne alte Bauernhöfe.

D ie Radtour beginnt am Holzkirchener Bahnhof und führt auf Münchener Straße und Thanner Straße in das ruhige Umland. Bei den Pferdekoppeln von Thann hält man sich links und radelt über Lochham nach Osterwarngau direkt auf den Taubenberg zu. Nach Passieren der Dorfkirche kann man sich bei der *Schnapsbrennerei Huber* mit Zwetschgenwasser und Obstler eindecken und fährt nach Oberwarngau weiter. Im Ort biegt man links in die

Taubenbergstraße und erreicht nach wenigen Kilometern Reitham. Dort geht es am Dorfteich rechts zur B 13 und geradeaus nach Piesenkam und Sachsenkam, das bereits am Rand des Naturschutzgebiets Elbach-Kirchseemoor liegt. Nach Durchfahrt durch das Moor ist der *Jägerwirt* in Kirchbichl nicht zu verfehlen.

Wild direkt vom Jäger

Der *Jägerwirt* ist nicht nur einer der besten Tafernwirtschaften weit und breit, sondern er hat auch einen der schönsten Biergärten zu bieten. Hier bewahrt die freundliche und zuvorkommende Bedienung Anni bereits seit 39 Jahren auch in Stresslagen stets die Ruhe. Man sitzt in angenehmer und ruhiger Atmosphäre unter zwei stattlichen, rund 80 Jahre alten Linden und blickt in das weite Tölzer Land. Die Bäume wurden zu der Zeit gepflanzt, als Nikolaus und Maria Rank die Bauernstube zur Gaststube umfunktionierten, weil die Jäger sich seinerzeit nach einer gemütlichen Einkehr sehnten. Natürlich ist es Ehrensache, dass die heimischen Jäger auch heute noch im *Jägerwirt* ein- und ausgehen, oft nicht ohne ihr frisch erlegtes Wild beim Küchenchef abzuliefern. Der leckere Reh- und Hirschrücken des *Jägerwirts* ist schon fast legendär.

Aktivität	Radtour
Fahrzeit	3,5 Stunden
Strecke	42 km
Route	Holzkirchen – Warngau – Sachsenkam – Kirchbichl – Kleinhartpenning – Holzkirchen
Anfahrt	
ÖVM	Mit der S 5 nach Holzkirchen
Auto	Auf der A8 (Ausfahrt Holzkirchen/Tegernsee)
Charakter	Die Route verläuft meist auf verkehrsberuhigten Nebenstraßen und ist von der Passage am Kirchsee abgesehen auch durchgehend asphaltiert. Steigungen sind kaum zu bewältigen, nur mit Verlassen des Kirchseebodens geht es mal etwas strenger bergauf. Mit Kirchsee und Hackensee zwei schöne Moorseen zum Baden ein.
Wegweiser	Der Abschnitt zwischen Sachsenkam, Kirchbichl und Reutberg ist beschildert.
Karte	ADFC-RK München/Alpenvorland

In aller Munde sind auch die Geflügel- und Wildgeflügel-Gerichte, die auf Anfrage zubereitet werden. Gleiches gilt für die frische Kalbs- und Schweinshax'n vom Grill. Zum Fleisch werden frisches Gemüse der Saison und knackige Salate gereicht. Weitere Spezialitäten sind die hausgemachten Kuchen und Schmalznudeln sowie das selbstgebackene

Aktivität: Radtour | Gastronomie: bayerische Schmankerlküche

Die gebackene Ochsen-brust wird im Bärlauch-Senfmantel serviert.

Dinkelbrot, das man je nach Vorrat auch mit nach Hause nehmen kann. Wer in einer größeren Gruppe einkehren will, sollte dringend vorbestellen. Gerade bei schönem Ausflugswetter ist immer allerhand los, es war gar nicht so leicht, den viel beschäftigten Peter Rank für ein Gespräch zu gewinnen. Nur gut, dass der gelernte Zimmermann während der Bundeswehr die Zeit zum Nachdenken nutzte und sich dafür entschied, sein Talent als Koch in den Familienbetrieb mit einzubringen. Der Lohn sind ein positives Echo und Urkunden im Michelin sowie in diversen Feinschmeckerkreisen.

Stets gut gelaunt serviert Anni seit 39 Jahren im Jägerwirt das hervorragende Essen.

Naturidyll im Kirchseemoor

Nachdem es sich mit vollem Magen so schwer radelt, gönnen wir uns am nahen Kirchsee eine kleine Ruhepause. Der Uferweg führt angenehm schattig durch den Wald, am westlichen See-Ende finden sich abseits des Rummels die schönsten Badenischen. In dieser Seeidylle schwimmen einzelne Genießer bis an den Schilfrand und Seerosengürtel am unberührten Südwestufer heran. Für Kinder ist das flache Seeufer ideal. Das Wasser reinigt sich durch den Bach-zu- und -ablauf übrigens von selbst. Die Filzlandschaft ist ein Überbleibsel der Gletscher von der letzten Eiszeit vor 20.000 Jahren. Erstaunlicherweise wächst das Moor durch absterbendes Pflanzengut um immerhin einen Millimeter pro Jahr. Vögel, Fische und auch Schlangen finden hier den idealen Lebensraum. Wer in den dunklen, schilfumsäumten Kirchsee hinausschwimmt und am Horizont neben der Kirchensilhouette von *Kloster Reutberg* die aufstrebenden Tegernseer und Tölzer Berge erkennt, genießt den Tag endgültig in vollen Zügen. Wenn dann auch noch weißblaue Wölkchen über den

Himmel ziehen, mag man sich von dieser malerischen Bilderbuchkulisse gar nicht mehr verabschieden.

Der Heimweg führt am *Kloster Reutberg* vorbei in nördliche Richtung zunächst an die B 13, dann auf beschilderter Straße über Leithen nach Kleinhartpenning. Unterhalb des Ortes liegt versteckt in einer Waldsenke mit dem Hackensee ein weiterer Moorsee, der zum Baden und Verweilen einlädt. Am *Schreinerwirt* vorbei gelangt man schließlich auf Radwegen nach Holzkirchen und dort auf der Burgstaller- bzw. Baumgartenstraße zur Münchener Straße und zum Bahnhof zurück.

Inhaber	Sabine und Peter Rank
Küchenchef	Peter Rank
Adresse	Nikolaus-Rank-Str. 1 83646 Bad Tölz/Kirchbichl
Telefon	08041-9548
E-Mail	mail@jaegerwirt-kirchbichl.de
Web	www.jaegerwirt-kirchbichl.de
geöffnet	Täglich außer Mo und Do 8–24 Uhr (warme Küche 12–14 und 17.30–20.30 Uhr)
Tipp	Viermal im Jahr ist Schlachttag mit Schlachtsschüssel und Kesselfleisch auf der Speisekarte.
Schmankerltipp	Tellerfleisch mit frischem Kren und gemischtem Salat (7,50 €), Schweinshax'n vom Grill mit knackigfrischem Salat und hausgemachten Kartoffelknödel (24 € für 2 Personen), Rehrücken im Kräutermantel mit Rosmarinsoße (18 €)

Die alten Linden spenden im Jägerwirt-Biergarten ausreichend Schatten.

Aktivität: Bergwanderung, Rodeln, Ski alpin | Gastronomie: regionale Küche

Komplimente für die gute Küche

Ski und Rodel am Blomberg, Wanderung zu Zwiesel und Heigelkopf

Neben uns sitzen vier zufriedene Gäste und sind voll des Lobes. „Umwerfend, wie wenn ich es selbst gemacht hätte", schwärmt eine vitale Frau mittleren Alters über das eben verzehrte Lachsforellenfilet. Und am Nachbartisch wendet sich ein etwas betagterer Herr an die freundliche Bedienung: „Darf ich Ihnen ein Kompliment machen: So ein gutes Schnitzel habe ich selten gegessen". Zu dieser Zeit warten wir bereits zufrieden auf der Eckbank am Kachelofen auf das Dessert – eine hausgemachte Bayerisch Creme auf Himbeermark. Die viel beschäftigte Chefin Michaela Hager verabschiedet derweil einen alteingesessenen Stammgast, den sie bereits seit ihrer Kindheit her kennt.

![Aussichtsbank mit Blick über das verschneite Isartal]

Wintersport am Blomberg

Aussichtsbank auf dem Heigel-Kopf mit Blick in das Isartal zwischen Bad Tölz und Lenggries

B einahe in Sichtkontakt zur *Schießstätte* herrscht im Winter am Blomberg reger Betrieb: Skifahrer kurven zusammen mit den Snowboardern die schattige Nordpiste zu Tal und Rodler düsen den steilen Forstweg hinab. Der große Parkplatz an der Talstation ist von der B 472 nicht zu übersehen. Manchmal dröhnt dem Ankömmling Musik entgegen, der Spaßfaktor spielt auch eine gewisse Rolle. Wer

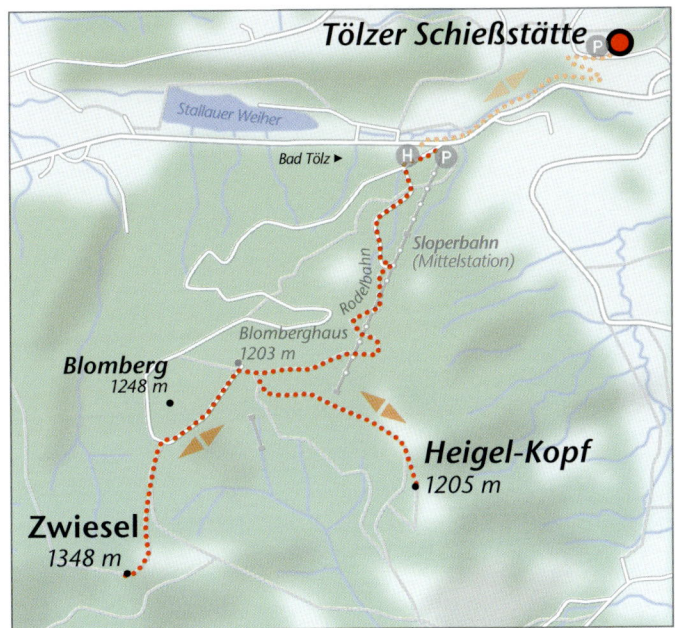

	Aktivität	Bergwandern/Rodeln/Ski alpin
	Gehzeit	Je nach Benutzung von Sessellift, Anzahl der Gipfel und/oder Sommerrodelbahn 1,5–4 Stunden
	Höhenmeter	650

Route	Talstation/Bergstation Blomberg: über das *Blomberghaus* zum Zwiesel und zurück; oder zum Heigelkopf und zurück

Anfahrt	
ÖVM	Mit der Bayerischen Oberland-bahn (BOB) nach Bad Tölz, dort in die RVO-Busse 9610 (Richtung Kochel) oder 9591 (Richtung Penzberg) zur Tal-station Blomberg umsteigen
Auto	Von München wahlweise über Wolfratshausen (A 95, B 11) oder Holzkirchen (A 8, B 13), von Bad Tölz 3 km auf der B 472

Charakter	Einfache Familienwanderung auf breiten Forstwegen durch schattigen Wald; zu den Berg-gipfeln auch auf gespurten Wanderwegen
Wegweiser	Die Wege am Blomberg sind mit einem „B" gekennzeichnet.
Karte	Kompass-WK Isarwinkel

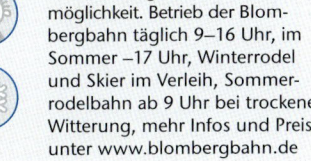

Am Blomberg Ski- und Rodel-möglichkeit. Betrieb der Blom-bergbahn täglich 9–16 Uhr, im Sommer –17 Uhr, Winterrodel und Skier im Verleih, Sommer-rodelbahn ab 9 Uhr bei trockener Witterung, mehr Infos und Preise unter www.blombergbahn.de

sein Sportgerät vergessen hat, kein Problem: Skier und Snowboards können ebenso geliehen werden wie 300 Rodel. Für Kinder gibt es zwei spezielle Lifte und ein Skikarussell. Die Rodelbahn ist 5,5 Kilo-meter lang und misst im Durchschnitt ein Gefälle von zehn Prozent. Bei der schnellen Abfahrt ist also Vorsicht geboten, gutes Schuhwerk dringend anzuraten.

Der Winterwanderer findet nach Überwindung des schattigen Nordhangs – ob zu Fuß oder per Lift – an der Sonnenseite des Blombergs seine wohlverdiente Ruhe. Zur Wahl stehen zwei gut beschilderte Gipfelziele: Südöstlich des Skigebiets führt ein Steig zum Heigelkopf (1205 m), von dem man einen herrlichen Blick auf das Isartal und Bad Tölz genießt. Auf der westlichen Seite wandert man über das *Blomberghaus* und eine Waldsenke zum nicht weniger aussichtsreichen Zwiesel (1348 m).

Heimat der Sportschützen

In der *Tölzer Schießstätte* herrscht meistens gute Laune. Die Kombination aus schmackhaftem Essen und freundlichem Service kommt bei den Gästen offenbar gut an. Das Interieur der Stube trägt zu der familiären Stimmung bei, auch wenn die große Pokalvitrine nicht jedermanns Geschmack trifft. Die Raucher wurden schon vor 2008 darum gebeten, freiwillig nicht zu qualmen. Die Schießschei-ben sind mit Jagdmotiven bemalt und mit Putten verziert, Einschuss-löcher inklusive. Scharf geschossen wird jedoch allenfalls im Freien,

Aktivität: Bergwanderung, Rodeln, Ski alpin | Gastronomie: regionale Küche

Inhaber und Küchenchefs — Andreas und Michaela Hager

Adresse	Kiefersau 138 83646 Wackersberg
Telefon	08041-3545
geöffnet	11.30–14 und 18–0 Uhr, Mo und Do Ruhetag
Schmankerltipp	Blattsalate mit Kräuterdressing, Pecorino und Knoblauchbrot (6,40 €), gebratenes Lachsforellenfilet auf frischem Blattspinat mit Kräutersoße und Kartoffeln (ca. 13,50 €), hausgemachte Bayerisch Creme auf Himbeermark (6,50 €)

Tafelspitz mit Wirsinggemüse

Zutaten:

Tafelspitz, Speck, Zwiebel, Lorbeer, Salz, Pfeffer- und Wacholderkörner, Muskatnuss, Wirsing, Butterschmalz, flüssige Sahne, Schnittlauch, Meerrettich

Zubereitung:

Tafelspitz ins kochende Wasser mit Zwiebel, Lorbeer, Pfeffer- und Wacholderkörnern geben und bei schwacher Hitze ca. 2 Std. sieden. Wirsing in kleine Würfel schneiden und im Salzwasser blanchieren. Kaltes Wasser darübergeben. Speck und klein geschnittene Zwiebeln im Butterschmalz andünsten, mit flüssiger Sahne und abgeschmeckter Tafelspitzbrühe aufgießen und köcheln lassen (bis es etwas eingekocht ist). Mit Salz, Pfeffer und Muskatnuss würzen. Wirsing auf dem Teller anrichten, Tafelspitz in Scheiben schneiden und mit Schnittlauch sowie Meerrettich servieren. Dazu Petersilienkartoffeln reichen.

wenn die Tölzer Sportschützen von Zeit zu Zeit ihre Treffsicherheit auf die Probe stellen. Michaela Hager, die aus dem nahen Kirchbichl stammt, hat selbst schon einmal bei den Tölzer Stadtmeisterschaften mitgemacht.

Vermutlich war sie dort nicht ganz so erfolgreich wie in der eigenen Küche, wo sie sich mit ihrem Mann Andreas beim Kochen abwechselt. Alle Gerichte werden frisch und mit viel Zeit und Liebe zubereitet. Beim Anblick des gebratenen Lachsfilets auf frischem Blattspinat mit Kräuterbutter und Petersilienkartoffeln läuft einem ob der fein dekorierten Kost das Wasser im Mund zusammen; das Auge isst schließlich mit. Auch den Schweinemedaillons in Gorgonzolarahmsoße sieht man die Qualität von Fleisch und Zutaten – in diesem Fall feine Bandnudeln und Keniabohnen – auf Anhieb an. Um noch Zeit für ihre Kinder Julia und Andreas zu haben, sperrt das junge Ehepaar die *Schießstätte* am Nachmittag für vier Stunden zu. „Hier einzukehren war die beste Idee nach dem Skifahren," schwärmt eine sportliche Frau beim Hinausgehen, gut möglich, dass sie auch ihren kommenden Ausflug mit einer Einkehr in der *Schießstätte* krönen wird.

Gebratenes Lachsforellenfilet auf frischem Blattspinat mit Kräutersoße und Kartoffeln

Hausgemachte Bayerisch Creme auf Himbeermark

Aktivität: Bergwanderung, Ski alpin | Gastronomie: regionale Küche, Kärtner Schmankerl

Zeit für Genießer

Wanderung durch das Längental zur Benediktenwand

Hektische Menschen, die das Essen nur hinunterschlingen und bereits den nächsten Termin im Kopf haben, stehen beim *Schweizer Wirt* Manfred Hipp nicht besonders hoch im Kurs. Denn nach seiner Philosophie können nur jene Gäste die leicht und fein zubereiteten Speisen richtig genießen, die sich genügend Zeit beim Tafeln lassen. Selbstverständlich gilt die Zeitregel auch für seine Frau, die in der Küche seit über 20 Jahren für das leibliche Wohl der Gäste sorgt. Nur zu schade, dass Manfred Hipp heute nicht mehr die Zeit dafür aufbringen kann, die täglich wechselnden Speisekarten mit seiner kunstvollen Handschrift zu versehen.

Steinböcke an der Benediktenwand

W ir nehmen uns für diesen Ausflug am Besten einen ganzen Tag Zeit, um vor dem finalen Schlemmermenü in aller Ruhe im Isarwinkel wandern zu können. Damit sich die Wanderung zur Benediktenwand nicht unnötig in die Länge zieht, parken wir nicht am *Schweizer Wirt*, sondern fahren vom Arzbacher Ortskern die Längentaler Straße einige Kilometer entlang des Arzbachs talein zum großen Wanderparkplatz. Unmotorisiert hat unsere Wandergruppe positive Erfahrungen mit dem Trampen gemacht.

Nach einer kleinen Steilstufe wird der Forstweg flacher, hinter dem *Kirchsteinhaus* öffnet sich das Längental. Am Talende beginnt

An Alpenrosen und Latschenkiefern vorbei quert man zum Gipfel der Benediktenwand. Im Hintergrund erkennt man den Walchensee.

Aktivität	Bergwanderung
Gehzeit	7 Stunden
Höhenmeter	1100

Route Arzbach – *Längentalalm* – *Probstalm* – Benediktenwand und zurück

Anfahrt

ÖVM Mit der Bayerischen Oberlandbahn (BOB) nach Bad Tölz oder Lenggries, weiter mit dem RVO-Bus bis zur Arzbacher Kirche

Auto Von München über Wolfratshausen (A 95, B 11) oder Holzkirchen (A 8, B 13) nach Bad Tölz und an der westlichen Isarseite nach Arzbach

Charakter Die Wanderung durch das Längental über die *Probstalm* auf die Benediktenwand ist zwar relativ lang, dafür landschaftlich anregend und wenig begangen. Der Gipfelanstieg erfordert Trittsicherheit und bedingte Schwindelfreiheit, an vakanten Stellen sichern Drahtseile den Steig.

Karte Kompass-WK Isarwinkel

Wenige Kilometer südlich vom *Schweizer Wirt* befindet sich das Brauneck-Skigebiet mit Pisten von insgesamt 34 km Länge. Seilbahntransport auf rund 1700 m Höhe (Betriebszeiten 8.30–16.30 Uhr)

an der privaten *Längentalalm* der eigentliche Anstieg, der unter der felsigen Probstenwand in Abschnitten steil durch Wald zur *Probstalm* hochzieht; die unbewirtschaftete Sektionshütte des Alpenvereins liegt malerisch auf einem Geländeabsatz. Weiter geht es über im Sommer üppig blühende Wiesen zur Einsattelung zwischen Achselköpfen und Benediktenwand empor. Der Gipfelanstieg erfolgt auf dem mit Drahtseilen gesicherten Felssteig. Direkt am Grat beobachteten wir im Sommer 2006 ein Steinbockrudel, dass sich von unserer

Der wenig scheue Steinbock staunt wohl darüber, dass der Mensch für das bisschen Steilheit ein Drahtseil benötigt.

Anwesenheit in keinster Weise irritieren ließ. Ob die stolzen Tiere vor Bruno, dem Bären, der sich im Frühsommer im Brauneckgebiet herumtrieb, mehr Angst hatten? Nach ausgiebiger Rast auf dem beliebten Aussichtsberg geht es auf gleicher Route wieder in das Tal zurück.

Gaumenfreuden im Isarwinkel

Beim *Schweizer Wirt* hat man die Wahl zwischen dem einladenden Garten und der urgemütlichen Gaststube. Seinen Namen verdankt der historische Gasthof übrigens 40 Schweizer Kühen, die im Dreißigjährigen Krieg im Jahr 1632 von den Schweden gestohlen und von Tölzer Bauern zurückerobert wurden. Der Lohn für diese Heldentat waren seinerzeit 100 Gulden, womit sich die Bauern bestimmt die ein oder andere Zeche in der neu gegründeten Bauernwirtschaft leisten konnten.

Anekdoten dieser Art erzählt der von Natur aus gesellige Wirt Manfred Hipp immer wieder gerne. Heute träumt der gebürtige Kärtner sogar davon, ein eigenes Buch mit Anekdoten zu verfassen,

um das alte Brauchtum wieder aufleben zu lassen. Bucherfahrung hat er ja bereits durch das 1994 mit seiner Frau Barbara verfasste und über Hugendubel vertriebene Werk „Beim Schweizer Wirt – Gaumenfreuden im Isarwinkel"; die ausgefeilten Kochrezepte kamen mit den Aquarell-Illustrationen von Brigitte von Hausen seinerzeit gut an.

Auch die Küche genießt mit ihren bayerischen und österreichischen Klassikern bei den Gästen einen sehr guten Ruf. Nachdem nur frische Ware ein gutes Endprodukt garantiert, bezieht Manfred Hipp Fleisch, Wurst und Käse aus der Region. Vorzüglich schmeckten uns der gekochte Tafelspitz auf Meerrettichsoße mit Cremespinat und Röstkartoffeln sowie das Rehgulasch mit Schwammerln, Rosenkohl und Butterspätzle. Bestnoten verdienen auch die hausgemachten Kuchen. Und zum Abschluss krönt ein Hausbrand den Aufenthalt im *Schweizer Wirt*.

Inhaber	Barbara u. Manfred Hipp
Küchenchefin	Barbara Hipp

Adresse	Schlegldorf 83 83661 Lenggries
Telefon	0 80 42-89 02
E-Mail	info@schweizer-wirt.de
Web	www.schweizer-wirt.de
geöffnet	Mo Ruhetag, Di erst ab 18 Uhr, warme Küche 11.30–14 Uhr und 17.30–21.30 Uhr
Schmankerltipp	Gekochter Tafelspitz auf Meerrettichsoße mit Cremespinat und Röstkartoffeln (13,80 €), Rehgulasch mit Schwammerln, Rosenkohl und Butterspätzle (15 €), Rhabarberkuchen (2,50 €)

Sowohl auf der Terrasse als auch in der urigen Stube sitzt man beim Schweizer Wirt sehr angenehm.

Aktivität: Wanderung, Radtour | Gastronomie: bayerische Küche

Authentisches Bayernland

Wanderung im Loisachtal

Zwischen Benediktbeuern und Penzberg zeigt sich das bayerische Alpenvorland von seiner ursprünglichsten Seite. Schmucke Bauernhäuser und das naturbelassene Loisachtal prägen das Bild, und im *Gasthaus Schönmühl* finden Filmregisseure den perfekten Drehort für urbayerische Wirtshauskultur. Hier hängt noch eine schmiedeeiserne Lampe über dem Stammtisch, die Tische zeigen Kratzspuren vergangener Jahrhunderte und auch die schweren Eichenstühle halten bis heute stand; die Möbel wurden übrigens direkt nach dem Krieg aus dem *Münchener Hofbräuhaus* angeliefert. Das Bier wird im *Gasthaus Schönmühl* nachweislich bereits seit 1729 gezapft, und würde nicht elektrisches Licht den Raum erhellen, fühlte man sich tatsächlich in eine vergangene Epoche zurückversetzt.

Wanderung durch die Loisachauen

Winter- und Sommerimpression von der Kapelle St. Johannisrain. Im Hintergrund die Benediktenwand

Vor Beginn der Wanderung in Benediktbeuern lohnt ein kurzer Abstecher auf der Bahnhofstraße zum alten Ortskern, um die über 1250 Jahre alte bäuerliche Landkultur auf sich wirken zu lassen. Hier reiht sich ein stattlicher Bauernhof an den anderen, die Bäuerinnen überbieten sich im Blumenschmücken der Fenster und Balkone gegenseitig. Doch das Wahrzeichen von Benediktbeuern ist die mächtige Klosteranlage mit der Benediktenwand als fotogenen Hintergrund. Bei der Anlage handelt es sich um die älteste Niederlassung der Benediktiner in Oberbayern, in der Bibliothek wurde einst sogar die mittelalterliche Liedersammlung *Carmina Burana* aufgefunden. Die dominanten Zwiebeltürme der Basilika sind in der flachen Flussauenlandschaft der Loisach noch lange zu sehen.

Die Wanderroute führt vom Bahnhof nördlich des Klosters über die *Moosmühle* zum Loisachufer in das Herz des Naturschutzgebietes. Unter Beobachtung der vielfältigen Vogelwelt wandert man am Flussufer entlang in Richtung Norden; bei Querung der B 472 wird die Flussseite gewechselt, am westlichen Loisachufer geht es auf zum Teil verwachsenen Steig an einer schönen Badestelle vorbei nach Schönmühl.

Bayerische Lebenskultur

Das *Gasthaus Schönmühl* ist mit seinem einladenden Biergarten und seiner urigen Gaststube bestens auf Wanderer eingestellt. Ehrensache, nachdem hier früher schon Flößer, Waldarbeiter und Wandergesellen einkehrten und sich das Ambiente seither kaum verändert hat. Auch die Wirtsleute Brigitte und Reinhold Schiermeier verkörpern die traditionelle bayerische Lebenskultur. Während der Hausherr in der Küche die altbewährten bayerischen Schmankerl zubereitet, übernimmt seine Frau den Service. An stressigen Sommertagen, wenn viele Wanderer und Radfahrer spontan in den Biergarten strömen, hilft schon mal die ein oder andere Frau eines alten Stammtischgenossen aus.

	Aktivität	Wanderung
	Gehzeit	3,5 Stunden
	Strecke	12 km
Route	Benediktbeuern – Moosmühle – Loisach – Schönmühl – St. Johannisrain – Penzberg	
Anfahrt		
ÖVM	Mit dem Regionalzug von München oder stündlich von Tutzing Richtung Kochel, Bahnhof Benediktbeuern	
Auto	Auf der A95 bis Ausfahrt Sindelsdorf und auf der B 472 über Bichl zum Ausgangsort (Rückfahrt zwei Stationen mit dem Zug)	
Charakter	Zunächst wandert man von Benediktbeuern durch die Angerfilze zum Loisachufer und dort auf malerischen Uferwegen nach Schönmühl. Nach der Einkehr geht es zumeist auf kleinen Asphaltstraßen über die Weiler Edenhof und St. Johannisrain sowie zuletzt durch Siedlungsgebiet zum Penzberger Bahnhof.	
Karte	Radwanderkarte Penzberg	
	Radfahrer drehen eine Runde durch das Kochelsee-Moor (siehe S. 87) und steuern dann auf beschilderter Radroute über Bichl nach Schönmühl. Von dort gelangt man auf unserer Wanderroute nach Penzberg (gesamt 34 km).	

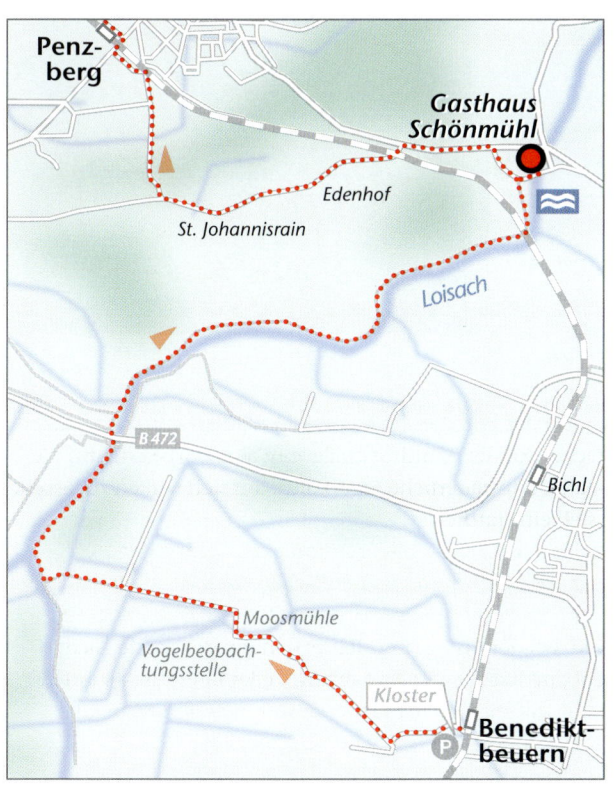

Kurz vor Schönmühl lädt die Loisach an heißen Sommertagen zu einem Bad.

Inhaber	Brigitte und Reinhold Schiermeier
Küchenchef	Reinhold Schiermeier

Adresse	Schönmühl 1 82377 Penzberg-Schönmühl
Telefon	0 88 56-24 98
geöffnet	Mi/Do ab16 Uhr, Fr–So sowie feiertags ab 10 Uhr, am Wochenende Reservierung zu empfehlen
Schmankerltipp	Schweinsbraten mit Kartoffelknödel und hausgemachtem Krautsalat (9,70 €), geräucherter Saibling mit Sahnemeerrettich, Brot und Butter (14,80 €), Hausmacherbratensülze mit Röstkartoffeln (8,80 €)

Sehr gemütlich sitzt man im Biergarten von Schönmühl.

Der Klassiker von *Schönmühl* ist der Schweinsbraten – ein saftiges Stück von der Schulter mit entsprechender Kruste –, der je nach Saison mit Krautsalat oder Blaukraut auf den Tisch kommt. Der erfahrene Küchenchef empfiehlt allen Hobbyköchen, die Haut des Schweinefleisches vor dem Ofengang nicht einzuritzen. Doch auch das Tellerfleisch aus gesottener Rinderbrust mit hausgemachtem Kartoffelgurkensalat und frisch geriebenem Meerrettich ist bei den Gästen sehr beliebt. Wer lieber Fisch isst, bestellt sich einen frischen Saibling, der sein Leben zuvor im nahen Steinbach genießen durfte. Der frische Haussalat wird übrigens schon mal mit Südtiroler Speck aufgewertet.

Vom Gasthaus folgt man der kleinen Straße in westliche Richtung bis zur Staatsstraße, hält sich dort auf dem Radweg links bis zur Abzweigung nach Edenhof. Hinter dem Weiler stößt man auf die Kapelle von St. Johannisrain, wandert an der folgenden Kreuzung rechts in den Wald und zuletzt auf Ludwig-März-Straße sowie Meichelbeckstraße zum Bahnhof von Penzberg.

Echter bayerischer Schweinsbraten

Für einen echt bayerischen Schweinsbraten benötigt man ein schönes Stück Schweineschulter. Diese mit Salz und Pfeffer und etwas gemahlenen Kümmel einreiben und eine Spur Knoblauchpulver zufügen. Das Bratreindl mit Schweinsknochen auslegen, mit etwas Wasser bedecken und zwei grob geschnittene Zwiebeln sowie eine gelbe Rübe dazulegen. Das Fleisch mit der Haut nach unten auf diese Unterlage und mit Alufolie abdecken. Bei guter Hitze (Backrohr vorheizen auf ca. 260°) den Braten 1 Std. garen, dann wenden und die Schwarte würfelförmig (ca. 1 cm) einschneiden. Innerhalb der nächsten Std. den Schweinsbraten 2–3 Mal mit Salzwasser aufgießen, damit eine rösche Kruste entsteht. Die Knochen im Bratenfond mit Knödelwasser und Grünzeugresten kräftig auskochen, damit wir mit etwas Nachwürzen die klassische klare Soße erhalten.
Als Beilage empfehlen wir Kartoffelknödel und Blaukraut (im Winter) oder hausgemachten Krautsalat (im Sommer).

Aktivität: Radtour, Ski-Langlauf | Gastronomie: Fischspezialitäten

Vögel, Fische, Kinderglück

Radrundtour im Kochelseemoor

Das Moor zwischen Kochelsee und Loisach steht im Frühjahr und Herbst unter strengem Naturschutz, da zu dieser Zeit Brutvögel inmitten der Wiesen ihre Eier ablegen. Mehr als 200 Vogelarten kommen zum Teil sogar aus Afrika als Gast- und Brutvögel in das ausgedehnte Feuchtgebiet. Um die Arten nicht zu gefährden, bewirtschaften die Bauern dann ihre Felder nicht. Dennoch können Radfahrer und Wanderer das Moor auf den ausgewiesenen Wegen erkunden. Der perfekte Familienausflug, zumal auch unsere Einkehr, der *Fischerwirt*, neben der schmackhaften Küche für Kinder Einiges zu bieten hat.

Unterwegs im Vogelparadies

Idealer Ausgangsort ist Benediktbeuern mit dem bekannten Kloster, das mit seinem stattlichen Gebäudekomplex an ein Schloss erinnert. Im angrenzenden *Maierhof* stimmt das Museum für Umwelt und Kultur zum Teil via Monitor auf die Entstehung des Kochelseemoors und die dort lebenden Tierarten ein. Vom Kloster folgt man den Radschildern Richtung Kochel. Rund um Brunnenbach lässt sich mit etwas Geduld der ein oder andere Vogel erspähen.

Ein herrlicher Föhntag mit Surfern am Kochelsee

Aktivität: Radtour, Ski-Langlauf | Gastronomie: Fischspezialitäten

Aktivität	Radtour
Fahrzeit	2,5 Stunden
Strecke	25 km

Route
Benediktbeuern – Kochel am See – Schlehdorf – Großweil – Triftkanal – Benediktbeuern

Anfahrt

ÖVM
Mit dem Regionalzug von München oder stündlich von Tutzing Richtung Kochel, Bahnhof Benediktbeuern.

Auto
A95 Garmisch, Ausfahrt Sindelsdorf, B472 nach Benediktbeuern und zum Parkplatz am Bahnhof.

Charakter
Die Rundtour durch das Kochelseemoor eignet sich aufgrund des flachen Streckenprofils hervorragend für Familien mit Kindern. Vom sumpfigen Wiesenplateau genießt man den Blick auf Jochberg und Herzogstand. Unterwegs gibt es Bademöglichkeiten im Kochelsee und im Eichsee. Nach starkem Regen nicht zu empfehlen.

Wegweiser Zwischen Benediktbeuern und Großweil Bodensee-Königssee-Radweg.

Karte ADFC-RK München/ Alpenvorland

Im Winter führt die örtliche 5-km-Loipe direkt am Haus vorbei.

Vielleicht die Kronschnepfe? Der dicht gestreifte, perfekt an seine Umwelt angepasste Vogel ist dank seines melodischen Balzrufes, der den Klang einer Flöte hat, zumindest kaum zu überhören.

Der Radweg streift den nördlichen Ortsrand von Kochel und führt dann entlang der Straße direkt nach Schlehdorf. Zuvor lohnt jedoch noch ein Abstecher durch das Zentrum zum Kochelseeufer. Baden ist hier im Sommer immer ein Thema, obwohl der See selten an die 20° Wassertemperatur herankommt. Wem das Seewasser zu kalt ist, der ist im benachbarten Alpenwarmbad besser aufgehoben.

Im Kochelseemoor verläuft der Radweg wechselweise auf Kies und Asphalt.

Hier haben die Kinder auf der Riesenrutsche ihren Spaß. Mit oder ohne Badevergnügen wächst langsam der Appetit.

Fisch- und Fitnessgerichte

In Schlehdorf kann man im *Landgasthaus Fischerwirt* endlich schlemmen und gegen den Durst antrinken. Seit 14 Jahren leitet der Inhaber Alfons Adams das Lokal, unterstützt von seiner Frau Michaela, einer gebürtigen Murnauerin. Sein Faible für die französische Küche vertiefte der Gastronom 1984, als er im *Maison Blanche* an der Seine arbeitete; ein Foto von der idyllischen Einkehr ist im ersten Stock zu bewundern. Das Lokal ist vor allem für seine fein zubereiteten Fischgerichte bekannt, folglich wählten wir als Vorspeise frische Miesmuscheln im Weinsud, gegart mit Lauch, Zwiebeln, Knoblauch und Petersilie. Als Hauptgericht waren die Spaghettini mit Crevetten und Calamari vom Rost an der Reihe, Meeresfrüchte von hervorragender Qualität. Zum Essen passte der trocken-fruchtige 1999er Soave Superiore, bevor wir das Menü mit den hausgemachten Windbeuteln sowie der Schokomousse auf Vanillesoße ausklingen ließen. Der Kaffee zum Abschluss stammte sympathischerweise aus frisch gemahlenen TransFair-Bohnen.

Wer auf halber Strecke der Radtour Lust auf leichte und gesunde Kost hat, findet auf der Well-Fitkarte fettreduzierte Gerichte wie den Well-Fitsalat, Pichelsteiner Gemüse-Eintopf oder das Steaksandwich, wobei die rosa gebratene Rinderlende auf einer Scheibe Vollkorn-Toastbrot mit bunten Salaten serviert wird. Auch die Kinder kommen im *Fischerwirt* auf ihre Kosten: Nach dem Menü ab 5 Euro schauen sie sich in den Ferien im Spielzimmer in der ersten Etage Kindervideos an oder vertreiben sich die Zeit in den diversen Spielecken des Hauses und im Biergarten; auch lustige Spiele können ausgeliehen werden. Im *Heimgartenstüberl* im ersten Stock sind die Familien übrigens unter sich.

Zu viel Spielen und Herumtoben kommt jedoch nicht in Frage, da der Rückweg noch bevorsteht. Auf der Unterauer Straße geht es nach Unterau, über die Loisachbrücke am Eichsee vorbei zum Triftkanal. Nachdem die Loisach vor Brunnenbach ein zweites Mal überquert ist, rückt Benediktbeuern schon sehr nah.

Inhaber Küchenchef	Alfons u. Michaela Adams Bernhard Stockinger
Adresse	Unterauer Straße 1 82444 Schlehdorf
Telefon	08851-484
E-Mail	fischerwirt-schlehdorf@t-online.de
Web	www.fischerwirt-schlehdorf.de
geöffnet	Täglich durchgehend warme Küche 11–22 Uhr, außerhalb der Ferien und Nov.–Juni Do Ruhetag
Übernachtung	3 FW im Landhausstil im Ferienhaus Adams (ab 3 Tage)
Tipp	Im Sommer sind die Salat- und Grillwochen mit Hax'n und Spareribs sehr gefragt.
Schmankerltipp	Bouillabaisse – französische Edelfischsuppe mit Knoblauchbrot (5,90 €), Spaghettini mit Crevetten und Zucchini in grüner Curryrahmsoße, dazu Scampi und Calamari vom Rost (13,20 €), Brat-Renkenfilet – frisch gebratenes Kochelsee-Renkenfilet im leichten Essigsud lauwarm mariniert mit Zwiebeln und Butterkartoffeln (10,90 €), Nuss-Windbeutel mit hausgemachtem Haselnuss- und Pistazieneis, karamellisierten Nüssen, Amarettolikör und Sahne (5,90 €)

Fisch und Meeresfrüchte zählen zu den Spezialitäten im Fischerwirt.

Aktivität: Wanderung, Radtour | Gastronomie: feine, regionale Euro-Toques-Küche

See-Idylle mit Alpenblick

Wanderung von Murnau nach Uffing

Das *Restaurant Alpenblick* macht seinem Namen alle Ehre: Sowohl vom Terrassenlokal als auch vom Biergarten öffnet sich dem Gast ein eindrucksvolles Bergpanorama. Beim Gipfelquiz schneidet Michael Bott gar nicht schlecht ab: Im Osten erkennt er Herzogstand und Heimgarten, weiter südlich die Hohe Kiste, jenseits des Loisachtals das Ettaler Mandl und im Westen das Hörnle. Und im Vordergrund spiegelt sich das Tageslicht im malerischen Staffelsee. Seit über 20 Jahren arbeitet der ambitionierte Euro-Toques-Chefkoch vis-à-vis dieser prächtigen Kulisse und schöpft aus ihr die Kraft für die Umsetzung neuer Ideen in der Küche.

Seeumrundung als Naturerlebnis

Wanderer am südlichen Staffelseeufer

Ein Teil unserer Wanderung rund um den Staffelsee ist vom *Alpenblick* aus einsehbar. Zur Einstimmung auf den Ausflug lohnt ein Besuch auf der hauseigenen Homepage, um sich via Webcam einen Überblick über das aktuelle Wettergeschehen am Staffelsee zu verschaffen. Nur wenige Kilometer von der Live-Kamera entfernt beginnt in Murnau unsere Route in das Naturidyll.

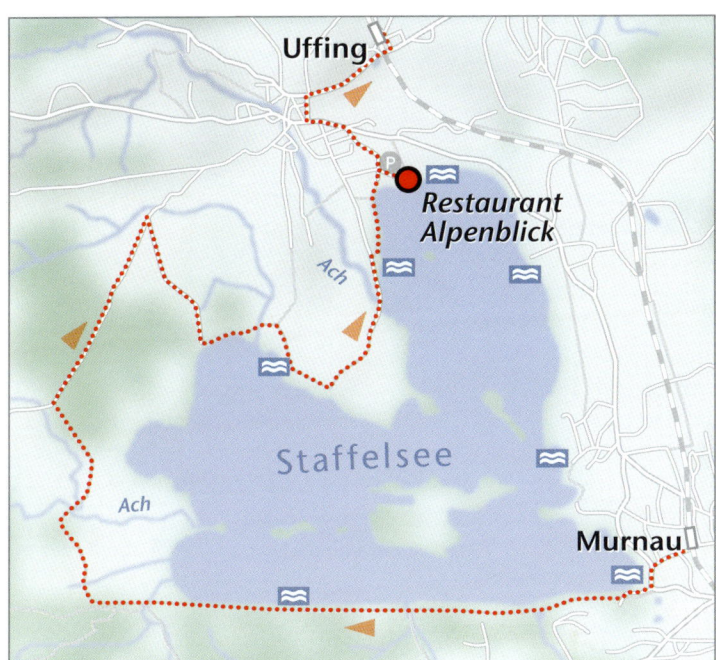

	Aktivität	Wanderung
	Gehzeit	4 Stunden
	Strecke	17 km

Route	Murnau – Staffelsee – Uffing

Anfahrt

ÖVM	Mit der Deutschen Bahn stündlich von München Richtung Garmisch über Weilheim nach Murnau, Rückfahrt mit derselben Linie vom Bahnhof Uffing
Auto	A95 Richtung Garmisch, Ausfahrt Kochel/Murnau, im Ort Parkmöglichkeit am Bahnhof

Charakter	Bei der abwechslungsreichen Streckentour wird der Staffelsee fast komplett umrundet. Von kurzen Asphaltpassagen abgesehen wandert man meist in Ufernähe auf sehr schönen Wegen durch die malerische Natur. Unterwegs gibt es mehrere Bademöglichkeiten.

Wegweiser	*Staffelsee-Rundweg*

Karte	Kompass-WK 7 Murnau, Kochel, Staffelsee, 1:50.000

 Mit dem Fahrrad bietet sich die komplette Umrundung des Staffelsees an. Anstatt in Uffing den Bahnhof anzusteuern, folgt man vom *Alpenblick* dem beschilderten *Staffelsee-Rundweg* über Rieden und Seehausen nach Murnau (Strecke: 22 km).

Vom Bahnhof führt ein Fußweg an der Minigolfanlage vorbei zur Schiffanlegestelle am See. Dann geht es angenehm schattig am Südufer entlang. An mehreren Stellen lockt ein erfrischendes Bad im See, der sich in heißen Sommern auf bis zu 26 Grad aufheizen kann. Hinter dem See-Ende hält man sich an der Weggabelung rechts und quert durch das schilfreiche Obernacher Moos nordwärts. Im Schutz der Gräser brüten seltene Zugvögel wie der Brachvogel, Europas größter Wattvogel, der an seinem langen Bogenschnabel erkennbar ist und mit melodischen Rufen auf sich aufmerksam macht. Weiter geht es durch den bewaldeten Tannenbacher Filz zum Randbezirk von Uffing.

Der See-Rundweg führt jedoch nicht direkt in den Ort, sondern in spitzem Winkel zum Seeufer zurück. Malerisch windet sich der

Im Naturschutzgebiet wandert man vorübergehend auf schmalen Wegen.

Aktivität: Wanderung, Radtour | Gastronomie: feine, regionale Euro-Toques-Küche

Inhaberin	Inge Meißner-Bott
Küchenchef	Michael Bott

Inge Meißner-Bott mit ihren Söhnen Harald (l.) und Michael

Adresse	Kirchtalstr. 30 82449 Uffing
Telefon	08846-9300
E-Mail	info@alpenblick-uffing.de
Web	www.alpenblick-uffing.de
geöffnet	im Sommer täglich; Oktober bis April Do Ruhetag
Schmankerltipp	geräucherte Forelle (nur im Biergarten, 9,50 €), Hummerrahmsuppe mit Fischfilets und Ingwer (5,50 €), Zander- und Lachsforellenfilet, kross gebacken auf Tagliatelle mit Knoblauch, Zucchini und frischen Tomaten (13,90 €), Minzparfait mit frischen Früchten (5 €)

Steig durch die üppigen Feuchtwiesen, in denen je nach Jahreszeit blaue Schwertlilien, Lungenenzian, Knabenkraut und gelbe Trollblumen blühen. An einem abgelegenen Winkel fühlt man sich mangels Zivilisation – so weit das Auge reicht, ist der See von sattem Grün umgeben – an dünn besiedelte Gebiete Skandinavians erinnert. Das in Ufernähe flache Wasser eignet sich vor allem für Kinder zum Baden. Anschließend geht es an prachtvollen Eichen vorbei zum Strandbad Aichele und auf dem Uferweg zum *Restaurant Alpenblick*, das direkt an der Uffinger Schiffanlegestelle liegt.

Vorzugsweise frischer Fisch

Nach so viel Tuchfühlung zum Wasser wächst der Appetit auf frischen Fisch. Je nach Fang des Fischers, Bestand des eigenen Fischweihers und Saison stehen Aal, Zander, Hecht, Renke oder Saibling auf der Speisekarte. Um es vorwegzunehmen: Um in den Genuss der feinen Fischgerichte zu kommen, begibt man sich in das Terrassenlokal in der ersten Etage. Alternativ lässt man sich den ausgezeichneten Räucher- und Steckerlfisch direkt im Biergarten mit See- und

Saibling im Ganzen gebraten mit Butter, Kartoffeln und buntem Gemüse

Kinder beim Erkunden des Seeufers am Rand des Biergartens

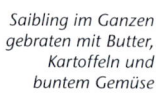

Bergblick schmecken. Ein Lob sei an dieser Stelle auch dem auffällig freundlichen Personal gewidmet.

Eine Etage höher isst man im Lokal noch eine Klasse besser. Seit Januar 2006 zählt Michael Bott durch die Mitgliedschaft bei *Euro-Toques* zum illustren Kreis von umweltbewussten 2000 Spitzenköchen in Europa. Ein Euro-Toques-Koch verpflichtet sich, sämtliche Gerichte ohne Glutamat, Farbstoffe, Konservierungsmittel und Genmanipulation zuzubereiten. Die frische und gesunde Küche passt zur Lebensphilosophie von Michael Bott, der das Kochen im *Hotel Alpenhof* in Murnau gelernt hat. Zusammen mit seiner Mutter Ingeborg, der „guten Seele des Hauses", und seinem Bruder Harald bildet er seit Jahren ein erfolgreiches Trio.

Neben den Fischgerichten sind vor allem Wild und vegetarische Speisen zu empfehlen. Das Gemüse stammt aus dem Biogarten von Frau Eidenschink aus Uffing, deren verstorbener Mann der winterliche Erstbegeher des Jubiläumsgrates im Wettersteingebirge war. Seinen Nepal-Bergsteigertraum hat Michael Bott übrigens im Rahmen eines Trekkings inzwischen verwirklicht. Ebenso freut sich der Küchenchef auf die Abstecher zum toskanischen Weinbauern Sergio, in dessen Refugium er regelmäßig mit bayerischer Küche aufkocht, um anschließend mit Pecorino und Coppa di Toscana im Gepäck wieder an den heimischen Staffelsee zurückzukehren.

Für diese Perspektive auf die Badelandschaft am Restaurant Alpenblick *sollte man sich ein Ruderboot mieten.*

Aktivität: Radtour, Ski-Langlauf | Gastronomie: Wildspezialitäten

Königstraum im Ammertal

Radtour zwischen Saulgrub und Wieskirche

Auf seiner Reise von Schloss Linderhof nach Schloss Neuschwanstein musste König Ludwig II stets eine beschwerliche Strecke durch das Ammergebirge zurücklegen. Glücklicherweise führte die Königsroute am *Forsthaus Unternogg* vorbei, das den hohen Gast mit Speis und Trank willkommen hieß. Bis heute hat die Einkehr im Tal der Halbammer nichts von ihrem landschaftlichen Reiz eingebüßt. Da das Netz an attraktiven Radwegen im königlichen Gebiet sehr engmaschig ist, steht der Biker an vielen Kreuzungen vor der Qual der Wahl.

Von Saulgrub über die Wieskirche nach Unternogg

Idealer Ausgangsort für die Rundtour im königlichen Gebiet ist Saulgrub. Vom Bahnhof radelt man ein kurzes Stück auf der B23 über die Ampelkreuzung hinaus, dann biegt man rechts in die Straße Im Kirchfeld. Wenige Meter später folgt man den Wegweisern durch das Landschaftsschutzgebiet am Soiener See vorbei nach Bayersoien. Nächstes Ziel ist die Echelsbacher Brücke, die uns auf die andere Seite der Ammer führt; das Flusswasser hat an dieser Stelle bereits die bei Kajakfahrern beliebte, schluchtartige Ammerleite verlassen.

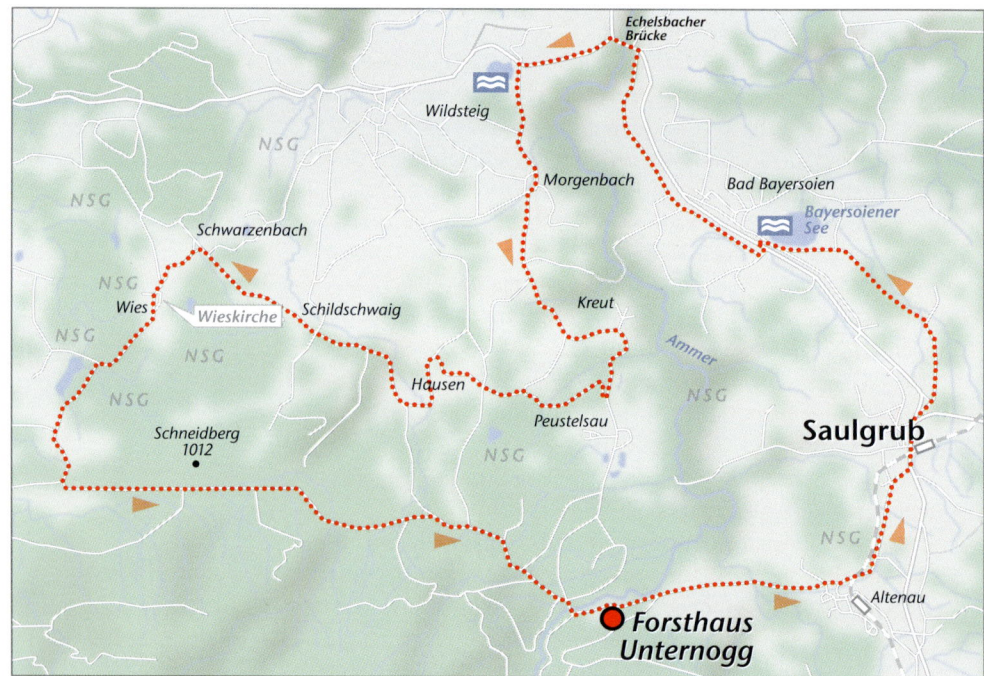

Aktivität	Radtour
Fahrzeit	3 Stunden
Strecke	40 km
Höhenmeter	350

Route	Saulgrub – Bad Bayersoien – Echelsbacher Brücke – Morgenbach – Hausen – Wieskirche – Unternogg – Saulgrub

Anfahrt

ÖVM	Mit der Deutschen Bahn stündlich von München nach Murnau, dort in den Regionalzug nach Saulgrub umsteigen
Auto	Auf der A95 Richtung Garmisch, Ausfahrt Murnau/Kochel und über Murnau nach Saulgrub; Parkmöglichkeit am Bahnhof

Charakter	Da sich das Alpenvorland am nördlichen Rand der Ammergauer Berge von seiner schönsten Seite zeigt, ist die Rundtour überaus anregend und kurzweilig. Die Route verläuft auf kleinen Asphaltstraßen und Kieswegen weitgehend abseits des Autoverkehrs.

Wegweiser	*König-Ludwig-Radweg* zwischen Wieskirche und Königstraße und *Bodensee-Königssee-Radweg* nach Saulgrub

Karte	ADFC-Regionalkarte Bayerische Seen, 1:75.000

Von Unternogg führt eine Rundloipe in klassischem Stil (ca. 9 km) nach Altenau und zurück. Die Loipe hat Anschluss zur Route über Unterammergau bis Schloss Linderhof.

Am Schwaigsee zweigt die Route über Morgenbach nach Süden ab. Nach Passieren des Wildgrabens erreicht man Hargenwies, ab der folgenden Straßengabelung ist die Weiterfahrt zur Wieskirche beschildert: Zunächst geht es über eine Anhöhe nach Hausen, dann auf Schotterwegen durch das malerische Illachtal und zuletzt über Schildschwaig zum bekannten Wallfahrtsort. Die von den Gebrüdern Zimmermann errichtete Rokokokirche zieht jährlich eine Million Besucher an, vorübergehend ist also Schluss mit Einsamkeit. Der Ursprung der Wallfahrt geht auf das Jahr 1738 zurück, als das Ehepaar Lory im Gegeißelten Heiland Tränen entdeckte; dieses Wunder bewirkte, dass die Figur – zuvor bei einer einheimischen Bäuerin untergebracht – in die eilig errichtete Kapelle umzog.

Südlich der Wieskirche folgt man dem *König-Ludwig-Radweg* über das stattliche Gehöft Resle zur Königstraße, die zwischen Schneidberg und Trauchberg nach Unternogg führt. Der Forstweg mündet nach der finalen Abfahrt in das Tal der Halbammer, nach Passieren der Brücke taucht das *Forsthaus* auf. In dem harmlosen Gebirgsbach soll Gindhart, ein Kurier des Königs, einst nach heftigem Unwetter samt Ross ertrunken sein.

Herrliche Lage und gutes Essen

Das *Forsthaus Unternogg* blickt nicht ohne Stolz auf seine königliche Vergangenheit zurück. Welche Einkehr kann schon von sich behaupten, Ludwig II beherbergt zu haben? Erfreulicherweise hat sich die Landschaft im Waldwinkel an der Halbammer in den vergangenen 250 Jahren kaum verändert, selbst der Fluss mutiert bei Starkregen noch zum Furcht einflößenden Strom. Würden tagsüber nicht so viele Ausflügler des Weges kommen, könnte man sich fast

Irene und Gerrit haben aufgrund des Andrangs auf die Besichtigung der Wieskirche verzichtet.

26 Altenau Forsthaus Unternogg

Inhaber und Küchenchef	Hubert Gruber
Adresse	Unternogg 1 82442 Altenau
Telefon	08845-8772
E-Mail	forsthaus-unternogg@t-online.de
Web	www.forsthaus-unternogg.de
geöffnet	Täglich 10–22 Uhr, außerhalb der Ferien Montag Ruhetag
Schmankerltipp	doppelte Gamskraftbrühe mit Wildleberknödel und frischem Garten-Schnittlauch (3,80 €), schussfrische Wildleber mit gerösteten Zwiebelscheiben, Trauben und Walnüssen, dazu Speckbratkartoffeln (13,80 €), Rehkeule aus umliegender Jagd in einer mit dunklem Portwein verfeinerten Wacholderrahmsoße, mit unseren hausgemachten Eierspätzle und marktfrischem Gemüse, dazu frische Preiselbeeren und Blätterteigkörbchen (16,40 €), frische gratinierte Früchte mit Walnusseis (4,20 €)

in jene Zeit zurückversetzt fühlen, als die im Tal arbeitenden Holzrücker und Kohlenbrenner nach Feierabend im Haus des Försters einkehrten und gelegentlich über den Durst tranken.

Wenn der Küchenchef auf die Jagd geht

Im November 2007 hat Hubert Gruber die Pacht und Küchenregie dieser urigen Einkehr übernommen. Der gebürtige Niederbayer streift während der Jagdsaison gern mit der Flinte durch die umliegenden Wälder und verarbeitet das frisch geschossene Wild umgehend in der eigenen Küche. Kein Wunder also, dass die Speisekarte mit reichlich Wildgerichten versehen ist. Darüber hinaus gibt es saisonale Spezialitäten, im Frühjahr etwa stehen die Schweizer Wochen an. Bei warmem Wetter sind die reichhaltigen frischen Salatteller gefragt, die je nach Geschmack mit Geflügelleber, Garnelenspieß, Thunfisch, Pfannkuchenrouladen, Dörrobst oder Nüssen garniert auf den Tisch kommen. Zu empfehlen sind auch die Süßspeisen aus der eigenen Konditorei. Sympathisch ist, dass der Radfahrer kostenlos Leitungswasser aus eigener Quelle bestellen kann.

Insgesamt ist das *Forsthaus Unternogg* durch die herrliche Lage und das schmackhafte Essen die perfekte Adresse für den Radfahrer. Nach der Einkehr ist der Weg über Altenau zurück nach Saulgrub nicht mehr fern, auch wenn im letzten Anstieg noch einmal ein paar Schweißtropfen fließen.

Der Gastgarten am Forsthaus Unternogg

Der bunte Sommersalat macht Appetit

Aktivität: Radtour, Ski-Langlauf | Gastronomie: Bärlauch-Spezialitäten

Der Bärlauch-Papst

Radrundtour zwischen Staffelsee und Bayersoiener See

Wenn ein Fußball-Stammtisch vom Wirt eine Schnapsrunde einfordert, denkt man wohl eher an „Willi" als an Bärlauch. Doch Toni Kargl ließ seine Freunde vor gut 25 Jahren tatsächlich mit Bärlauchschnaps auflaufen, den nicht wenige als „greislich" empfanden. Den Durchbruch zum Bärlauch-Wirt schaffte Toni Kargl dann aber mit der legendären Bärlauchsuppe und anderen schmackhaften Bärlauchgerichten. Sogar die alten Bäuerinnen hatten den Bärlauch allenfalls auf einem Butterbrot oder mit Kartoffelsalat verzehrt, von raffinierten Rezepten war selbst in alten Kochbüchern nichts überliefert. Viel Spielraum also für den ehrgeizigen Gastronom, um mit der nach Knoblauch riechenden Pflanze bis weit über die Landesgrenzen hinaus für Furore zu sorgen. Dabei hatte die eigene Oma von dem „stinkenden Zeug" so dringend abgeraten.

Auf Tuchfühlung zum Staffelsee

Der *Landgasthof Kargl* ist der höchste Punkt unserer Rundtour. Nach der Querung von Murnau über Seehausen am Staffelsee nach Uffing und der Fahrt auf der Schöffauer Straße nach Schöffau geht es über Kalkofen und Kirmesau hinauf nach Bad Bayersoien. Im Ort umrundet man den See und gelangt am Strandbad vorbei direkt zum *Landgasthof* in Saulgrub. Die Radroute führt in das benachbarte Bad Kohlgrub und nach kurzer Abfahrt in den Ortskern links auf der Steigrainer Straße nach Sprittelsberg. In weitem Bogen rollt man von hier in das Naturschutzgebiet am Staffelsee hinab. In Sichtweite des Sees radelt man durch das Obernacher Moos – ein großzügiges Moor- und Wiesenplateau mit reichlich Wollgras und kleinen Bachzuläufen – zum Südufer des Staffelsees. Der breite Kiesweg führt an versteckten Badenischen vorbei zur Seestraße nach Seehausen, wo der Abzweig zum Murnauer Bahnhof erfolgt.

Die kleinen Straßen in der Staffelseer Filzlandschaft eignen sich auch für Kinder perfekt zum Radeln.

Heimatliebe wider dem Preisdruck

Kargls Bärlauchkochkurse waren bereits zweimal beim Bayerischen Rundfunk in der Sendung „Unserland" ein Thema, auch die MDR-Sendereihe „Bei uns entdeckt" beschäftigte sich mit dem so genannten Bärlauch-Papst. Hauptlieferantin der begehrten Pflanze ist die altgediente Bedienung Irmi, die während der Saison meist mit einem 5-kg-Sack im Gepäck ihren Dienst antritt. Praktischerweise

Aktivität	Radtour
Fahrzeit	3,5 Stunden
Strecke	46 km
Höhenmeter	300

Route Murnau – Uffing – Bad Kohlgrub – Saulgrub – Schöffau – Uffing – Murnau

Anfahrt

ÖVM Mit der Deutschen Bundesbahn fast stündlich über Weilheim

Auto Auf der A95 Richtung Garmisch, Ausfahrt Murnau/Kochel und zum Bahnhof Murnau

Charakter Zwischen Staffelsee und Bad Bayersoien präsentiert sich das Alpenvorland von seiner schönsten Seite. Der Bärlauchwirt liegt von der Höhenlage her praktisch auf dem Gipfel der Tour, die nach rasanter Abfahrt am malerischen Staffelseeufer ein sehr schönes Finale erfährt.

Wegweiser Alle Hauptorte sind gut beschildert.

Karte ADFC-RK Bayerische Seen

Ideale Möglichkeiten zum Ski-Langlauf von Saulgrub auf dem Rundkurs Richtung Altenau (7 km), Richtung Bad Bayersoien (8 km) und auf der Loipe Kraggenau (6,5 km)

Radroute bei Uffing an einem ungewöhnlich warmen Oktobertag

verlängert sich die Pflückperiode durch die Höhenlage von März bis in den Juni hinein – anders wäre der Bedarf von einigen Zentnern im Jahr wohl kaum zu decken. Zwar wächst der Bärlauch quasi vor der Tür, seine Verarbeitung ist jedoch mit viel Aufwand verbunden. Wenn etwa die Bärlauchsuppe nach dem Kochen warm stehen bleibt,

verfärbt sie sich vom ästhetischen Grün in wenig Appetit anregende, gelbgraue Töne. Folglich darf man die Suppe je nach Bestellung nur in entsprechenden Portionen wärmen.

Natürlich ist nicht alles aus Bärlauch, was auf der Speisekarte steht. Doch die Verwendung einheimischer Produkte ist dem Toni Kargl bis heute heilig, auch wenn die Enten aus Polen um ein Drittel billiger sind und auch sonst der Preisdruck den Alltag bestimmt. Billiges Geflügel und Schweinefleisch fehlen konsequenterweise auf der Speisekarte.

„Wir bleiben bayerisch" ist sein Leitmotiv: Milchkalb und Rind stammen vom heimischen Bauern, das Wild liefern Jäger aus den Ammergauer Alpen, Gemüse und Salate werden aus Ismaning sowie von Münchner Gärtnern bezogen und die Forellen wachsen teilweise im eigenen Weiher heran, bevor sie später in Bärlauchbutter gebraten serviert werden. Auch wenn der Bad Kohlgruber Schafbauer Werner Schauer Lämmer schlachtet, kommt Frischfleisch in die Kargl-Küche. Wie zart und schmackhaft dieses Fleisch vom Goaßkitz schmeckt, davon hat sich der Verfasser dieser Zeilen

Inhaber Küchenchef	Hilde und Toni Kargl Toni Kargl
Adresse	Im Kirchfeld 9 82442 Saulgrub
Telefon	08845-640
E-Mail	info@kargl-saulgrub.de
Web	www.kargl-saulgrub.de
geöffnet	Täglich durchgehend ab 12 Uhr, zwischen Ende Nov. und Weihnachten geschlossen; am Wochenende Reservierung zu empfehlen
Zum Mitnehmen	Diverse Bärlauchprodukte, hausgeräucherte Forellen
Schmankerltipp	Bärlauchsuppe (3,50 €), Bayern-Tris – Bärlauch- und Speckknödel mit brauner Butter und Kässpatzen (8,50 €), Gulasch vom Ammergauer Hirschen mit Semmelknödel (12,90 €), Dessertteller mit Buttermilch-, Maracujaeis und frischen Erdbeeren (4,90 €)

Das Gulasch vom Goaßkitz stammt vom einheimischen Schafbauer und ist entsprechend zart.

Bärlauchknödel
15 Stück

Zutaten: *500g Knödelbrot gewürfelt, 450g Milch, 1 Zwiebel fein gehackt, 100g Butter, 4 Eier, 100g Bärlauch fein gehackt, 1 TL Salz, 1 Knoblauchzehe fein gehackt, Pfeffer aus der Mühle*

Zubereitung: **Die Milch mit etwas Butter, Salz, Pfeffer und Knoblauchzehe erhitzen, Zwiebel mit dem Rest Butter glasig anschwitzen und mit der Milch sowie dem Bärlauch unter das Knödelbrot mischen. Ca. 10 Min. stehen lassen.**

eigens überzeugt. Doch bei aller Liebe zu heimischen Produkten und Bärlauchschmankerln: Ob Kargl's Bärlauchschnaps die richtige Einstimmung auf die bevorstehende Abfahrt zum Staffelsee ist, ist reine Geschmackssache. Auch wenn der Schnaps durch eine durchschnittlich dreijährige Lagerzeit deutlich milder schmeckt als zu Stammtischzeiten der Fußballer …

Aktivität: Radtour, Bergwanderung, Ski-Langlauf | Gastronomie: „längstes Schnitzel Bayerns"

Schnitzelparade nach Seeumrundung

Radtour rund um den Walchensee

Die Jachenau erweckt zu jeder Jahreszeit den Eindruck, dass die Uhren hier anders gehen. Weit verstreut liegen die vielen kleinen Weiler im einladenden Talschluss. Die Bauernhöfe, deren Holzbalkone im Sommer mit roten Geranien geschmückt sind, zählen zum Teil mehrere hundert Jahre. Das Tal endet am Fischberg, hinter dem sich der malerisch gelegene Walchensee verbirgt. Während sich der Mountainbiker bei einer anspruchsvollen Rundtour zum Kochelsee austobt, findet der Genussradler am Walchenseeufer eine landschaftlich reizvolle, aber wenig anstrengende Route vor.

Grünes Tal und klarer Bergsee

Obwohl die Temperatur an diesem Sommertag akzeptable Werte erreicht, haben diese Radler zum Thema Walchenseebad ein eher ambivalentes Verhältnis.

Die Tour beginnt im Zentrum des Ortes Jachenau am traditionsreichen *Gasthof Zur Post* und führt auf der mautpflichtigen Straße in Abschnitten steil aus dem Tal heraus. Nach drei Kilometern zweigt nach rechts eine kleine Teerstraße ab (Wegweiser „Seerunde"), auf der wir über einen namenlosen Waldpass (871 m) per Abfahrt nach Sachenbach gelangen. Der Ort besteht nur aus ein paar Häusern. Auf der Terrasse und auf den Liegewiesen rund um den Kiosk am Walchenseeufer machen es sich viele Ausflügler bequem und beobachten Eis essend und Kaffee schlürfend die bunte Szenerie.

Der 800 Meter hohe Walchensee hat klares und sauberes Wasser mit Trinkwasserqualität. Allerdings stürzen sich nur wenige Wagemutige in die Fluten, denn der tiefe See wird von kalten Gebirgsbächen gespeist und ist selbst im Hochsommer ziemlich frisch. Das kühle Wasser hält jedoch nicht die Windsurfer und Segler davon ab, an einem der schönsten Seen Oberbayerns ihrem Sport nachzugehen. Am südwestlichen See-Ende erhebt sich über dem Ort Einsiedl der Simetsberg.

Von Sachenbach folgt man der schmalen Uferstraße am Fuß des bekannten Jochbergs bis nach Urfeld. Hier strömt das Walchenseewasser für den Besucher unsichtbar durch sechs Druckrohre hinunter zum Ufer des Kochelsees und treibt dort die Turbinen des Walchensee-Kraftwerks an. Gleichzeitig trifft der Radwanderer in Urfeld auf die B 11, die vom Walchensee über den Kesselberg nach Kochel führt.

Bis zum Ort Walchensee gut fünf Kilometer südlich teilen wir uns das Fahrvergnügen mit den Autos. Hinter dem Ort zweigt jedoch eine kleine verkehrsarme Teerstraße links ab, die die kleine Bucht zurücklässt und über das Klösterl in weitem Bogen nach Einsiedl führt. Dort stößt man wieder auf die B 11, überquert auf dieser den Obernachkanal – ein Ableger der Isar – und biegt hinter der Brücke links in die Mautstraße. Das Walchensee-Südufer eignet sich mit seinen einladenden Kiesstränden und Liegewiesen ideal für den

Aktivität	Radtour
Fahrzeit	2,5 Stunden
Strecke	33 km
Höhenmeter	150

Route — Jachenau – Sachenbach – Urfeld – Einsiedl – Jachenau

Anfahrt

ÖVM — Zugreisende müssen von Lenggries eine Sonderetappe durch die Jachenau in Kauf nehmen.

Auto — Über Bad Tölz und Lenggries in die Jachenau

Charakter — Landschaftlich überaus reizvolle Rundtour um den Walchensee. Die Tour beginnt am *Gasthof Zur Post* mit einer kräftigen Steigung und verläuft ausschließlich auf asphaltierten Straßen. Am Westufer muss zwischen den Orten Urfeld und Walchensee auf der B 11 vor allem an schönen Sommerwochenenden der Ausflugsverkehr beachtet werden.

Wegweiser — Am Walchensee vereinzelt Schilder mit der Aufschrift „Seeumrundung"

Karte — ADFC-RK Bayerische Seen

 Ab Lokal hervorragende Wandermöglichkeiten (u.a. Benediktenwand Gehzeit 5 Std., Hirschhörnlkopf 4 Std.).

 Im Winter gepflegte Langlauf-Loipe (35 km) mit Skatingspur (10 km).

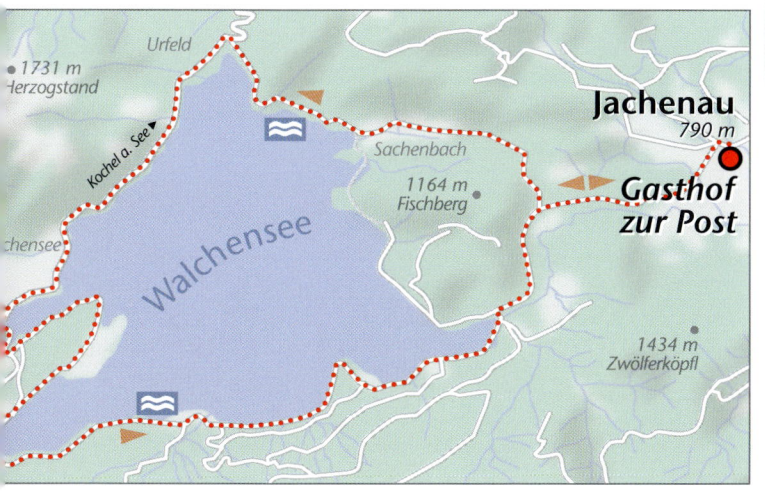

Rasante Radler
am Walchensee

Inhaber	Josef und Klara Joachim
Küchenchef	Robert Joachim
Adresse	Dorfplatz 7 1/3 83676 Jachenau
Telefon	08043-363
E-Mail	info@post-hotel-jachenau.de
Web	www.post-hotel-jachenau.de
Übernachtung	Hotel mit 35 Betten und 2 FW
geöffnet	täglich außer Montag
Schmankerltipp	Frische Walchensee Renke „Zubereitung nach Wunsch", Petersilien- kartoffeln, Salatteller (13,80 €), Hausgemachte Bratensülze mit Remou- ladensoße, Röstkartoffeln (ab 7 €), Schwaben- Pfannd'l (12,80 €), mittwochs Schnitzeltag (jedes Schnitzel vom Schwein 10,80 €)

Badestopp. In Niedernach verlässt man den Walchensee nach der anregenden Umrundung und fährt nach kurzem Gegenanstieg in die Jachenau ab.

Bayerns längste Schnitzel

Nach der Rundtour ist der Hunger sicher groß. Die *Post* ist für ihre mindestens 50 Zentimeter langen Schnitzel („die wahrschein- lich längsten Schnitzel Bayerns") bekannt, die längs vom Schwei- nerücken abgeschnitten werden und in unterschiedlicher Form auf den Teller kommen. Mittwochs ist die Auswahl besonders groß, denn dann ist Schnitzeltag. Die beiden Söhne des Hauses arbeiten übrigens als Metzger und Koch im eigenen Betrieb eng zusammen. Den Fisch bezieht Sepp Joachim vom Walchenseefischer, der zwei bis drei Mal pro Woche erfolgreich auf Fang geht. Wenn Bedarf an hausgeräucherten Renken besteht, erfolgt nach einem Anruf die prompte Lieferung. Der Saibling wird im Bassin gezüchtet, denn dem Fisch bietet der saubere Walchensee zu wenig Plankton als Nahrung. Der verschwitzte Radler, der sich im kalten See badet, wird sich über das saubere Wasser hingegen freuen.

Gefülltes Schweineschnitzel „Münchner Art" im Brezenmantel

Zutaten: *4 Schweineschnitzel à 120g, 50g Bauchspeck, 1 Zwiebel, 1 Ei, 5cl Milch, 100g Weißwurstbrät, 4 Schweinenetz à ca. 20 x 20cm, 50g Butterschmalz, 4 Brezenstangen vom Vortag*

Zubereitung: Die Schweineschnitzel dünn klopfen, das Weißwurstbrät auf eine Seite aufstreichen und zusammen- klappen. Den Bauchspeck und die Zwiebel in kleine Würfel schneiden und anschwitzen. Die Brezenstangen in kleine Würfel schneiden und mit heißer Milch anfeuchten. Ein Ei dazugeben und die Speck- und Zwiebelwürfel daruntermengen. Die Masse auf das ausgebreitete Schweinenetz streichen und das gefüllte Schnitzel umhüllen. In Butterschmalz auf jeder Seite kurz anbraten. Im Backofen bei 180° ca. 10 Min. backen.

Als Beilage eignet sich ein Kartoffel-Endiviensalat.

Aktivität: Ski-Langlauf, Wanderung | Gastronomie: regionale Spezialitäten

Sonnenhof vor traumhafter Loipe

Skilanglauf zwischen Kaltenbrunn und Klais

Immer wieder staunt man darüber, wie sich auf dem Weg von Garmisch-Partenkirchen Richtung Mittenwald die Schneeverhältnisse verändern: Im Gegensatz zum relativ schnee-armen Loisachtal verwandeln sich Bäume und Wiesen im Nordschatten des Wetterstein-gebirges ab Kaltenbrunn häufig in eine winterliche Märchenlandschaft. Bei der Fahrt in den Süden beobachtet man bereits von der Straße die Langläufer, wie sie sich mehr oder weniger elegant auf der Loipe bewegen. Mindestens ebenso häufig ist man bei Klais am *Sonnenhof* vorbeigefahren, ohne zu wissen, welch wohlschmeckende Küche sich in diesem Landgasthof verbirgt. Grund genug, Loipe und Gasthof einmal auf die Probe zu stellen.

Loipentraum mit Karwendelblick

Durch die relativ schattige und hohe Lage ist die Loipe zwischen Klais und Kaltenbrunn auch in milderen Wintern schnee-sicher. Bei Vereisung wird die Spur allerdings schnell und die kleinen Abfahrten geraten für etwas unsicherere Langläufer zu einer echten Prüfung. Vor allem die Abfahrt nach Kaltenbrunn – wo mitunter Biathleten und Langlauf-Asse wie Evi Sachenbacher trainieren – ist recht rasant. Insgesamt ist die Loipe durch die ständigen Wechsel zwischen kleinen Anstiegen und zügigen Abfahrten sowie die kurvenreiche Streckenführung sehr attraktiv. Auf dem Rückweg genießt man zudem von den freien Wiesen den herrlichen Blick auf das Karwendelgebirge.

Loipenspaß zwischen Kaltenbrunn und Klais: auf gepflegter Spur voller Elan in Richtung Soiern-spitze und Mittenwalder Karwendelkette

Aktivität: Ski-Langlauf, Wanderung | Gastronomie: regionale Spezialitäten

Aktivität	Ski-Langlauf
Route	Rundloipe Klais – Kaltenbrunn (10 km); Abstecher kleine Barmseerunde (6 km + 4 km Verbindungsloipe); Weltcuprunde bei Kaltenbrunn (5 km)

Anfahrt

ÖVM	Zugverbindung über Garmisch nach Klais (Richtung Mittenwald)
Auto	A95 und B2 nach Garmisch-Partenkirchen, Parkmöglichkeit im Dorfzentrum oder am westlichen Ortsrand bei der Skischule
Charakter	Die Loipe zwischen Klais und Kaltenbrunn weist mehrere kleinere Steigungen und Abfahrten auf und ist von geübten Loipisten problemlos zu meistern. Ähnlich vom Profil verläuft die Barmseerunde, die jedoch durch die Sonneneinstrahlung nicht so schneesicher ist. Die Weltcuprunde bei Kaltenbrunn ist durch mehrere Steilpassagen eine Herausforderung für Könner. Neben der Diagonalspur sind die Loipen auch für Skater gespurt.
Karte	Unterwegs erleichtern mehrere Infotafeln mit Loipenplan die Orientierung.

Etwas östlich des *Sonnenhofs* beginnt ein schöner Wanderweg um den Grub- und Barmsee (ca. 1 1/2 Std.) mit Bademöglichkeiten.

Vor der letzten Abfahrt besteht die Möglichkeit, die Loipeneinheit um eine reizvolle Zugabe rund um den Barmsee zu erweitern. Hierzu fährt man zur Bundesstraße ab, unterquert diese und stößt bei Gerold auf die Rundloipe. Am Barmsee angekommen quert man an dessen Nord- und Westufer und bewältigt anschließend den steilen Anstieg zum benachbarten Geroldsee. Dann folgt mit großartigem Blick auf das Wettersteingebirge die rasante Abfahrt über Gerold zurück zu unserer Ausgangsloipe.

Ware vom benachtbarten Hofladen

Auch Alfred Schöttl, der Wirt des *Sonnenhofs*, ist – sofern es die Zeit erlaubt – mit viel Freude auf der Loipe zwischen Klais und Kaltenbrunn unterwegs. Nur die B2 und das Bahngleis trennen den Land-

gasthof vom einladenden Parcours. Leider fehlt die direkte Verbindung, sodass wir die Einkehr am besten von Klais mit dem Auto ansteuern. Der Zwischenstopp lohnt sich, da Alfred Schöttl als Küchenchef viel Wert auf feine, frische Speisen legt. Rund 80 Prozent seiner Ware bezieht er vom benachbarten Hofladen „Beim Schweb", der in seinem großen Sortiment vor allem frische Fleisch- und Wurstwaren führt. Die eigene Schafzucht besteht aus 700 Tieren, die den Sommer auf der benachbarten Weide verbringen. Demzufolge stehen im *Sonnenhof* immer wieder frische Lammgerichte auf der Speisekarte. Doch auch der zarte Tafelspitz vom heimischen Jungbullen und viele andere Gerichte schmecken bodenständig und gut.

Inhaber	Familie Schöttl
Küchenchef	Alfred Schöttl

Adresse	Hauptstr. 28–30 82493 Klais
Telefon	08823-938000
E-Mail	Sonnenhof-Klais@t-online.de
Web	www.Sonnenhof-Klais.de
geöffnet	täglich außer Di 7–22 Uhr, warme Küche 11.30–14.30 und 18.30–21 Uhr, im Nov./Dez. geschlossen
Übernachtung	Moderne Fremdenzimmer in ländlichem Stil
Schmankerltipp	Kartoffelrösti mit frischen Tomaten belegt und Raclettekäse überbacken, dazu kleiner Salatteller (8,50 €), Tafelspitz vom heimischen Jungbullen mit Meerettichsahnesoße, frischem Wirsinggemüse und Petersilienkartoffeln (11 €), Lammkeulensteak mit Grilltomate, Berner Soße, Kartoffelrösti und Salat (13,80 €)

Alfred Schöttl betreibt den Landgasthof zusammen mit seiner Frau Natascha, die ihn in der Küche unterstützt, seit 1997 bereits in dritter Generation. Nataschas Großvater Georg Seitz hatte den Hof knapp 30 Jahre zuvor gekauft und dort dank seiner Vorliebe für Pferde auch eine kleine Landwirtschaft betrieben. Obwohl die heutigen Inhaber sich einer gewissen Modernisierung nicht verschließen, fühlen sie sich den traditionellen Werten bis heute verpflichtet. Dazu gehört auch die authentische und ehrliche Küche mit der Verarbeitung von frischen Produkten aus der Region.

Bei viel Schnee und blauem Himmel präsentieren sich Loipe und Sonnenhof von ihrer schönsten Seite.

Aktivität: Bergwanderung, Ski-Langlauf, Ski alpin | Gastronomie: Tiroler Küche

Ambitionierter Koch am Fuß des Karwendels

Wanderung auf die Seebergspitze und Ski-Langlauf in drei Tälern

Der Ort Pertisau am Achensee ist zwar nicht besonders vorteilhaft für den Tourismus aufgepäppelt worden, doch die großartige Berglandschaft bietet zu jeder Jahreszeit ein breites Spektrum an Aktivitäten. Im Sommer ist die Gegend ein Eldorado für Wanderer, mit der Besteigung der Seebergspitze als eine von vielen Möglichkeiten; und im Winter toben sich zahlreiche Ski-Langläufer in drei Tälern nach Herzenslust aus. Nachdem die Gastronomie vor allem an der Seepromenade einige Wünsche offen lässt, freuen wir uns über die authentische und schmackhafte Tiroler Küche im zentral gelegenen *Dorfwirt*.

Wanderung auf die Seebergspitze

Tiefblick von der Seebergspitze auf den Achensee

Langläufer im wildromantischen Falzthurntal

Die Seebergspitze ist vom *Dorfwirt* zum Greifen nah. Man wandert die Straße 500 Meter westwärts und gelangt über eine kleine Bachbrücke zum Einstieg. Nach Überqueren des Seebergsteigs, ein den Ort Pertisau mit der *Pletzachalm* verbindender Panoramaweg, geht es in vielen Kehren steil durch den Mischwald empor. Auf etwa 1500 m Höhe erreicht man den breiten Gratrücken, auf dem

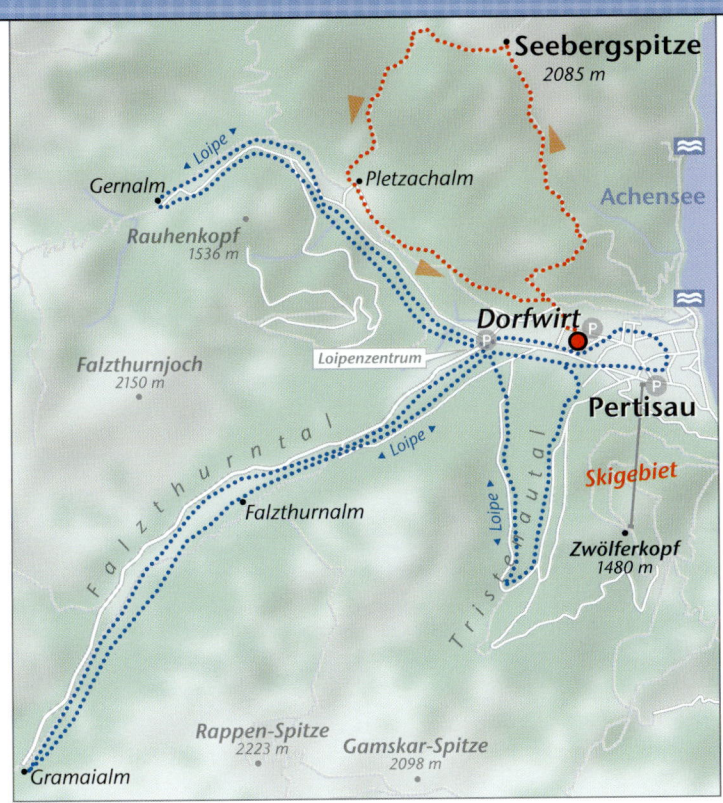

	Aktivität	Bergwanderung
	Gehzeit	6 Stunden
	Höhenmeter	1130

Route Pertisau – Seebergspitze – Pasillsattel – *Pletzachalm* – Pertisau

Anfahrt

ÖVM Mit der Bayerischen Oberland-bahn (BOB) von München nach Tegernsee, Weiterfahrt mit dem RVO-Bus Nr. 9550 nach Pertisau (täglich zwei Verbindungen, über 3 Std. Fahrzeit)

Auto Über Bad Tölz und Sylvenstein-speicher oder das Tegernseer Tal an den Achensee; in Maurach Abzweigung nach Pertisau. Parkmöglichkeit am *Dorfwirt* oder am Wander- und Loipenzetrum (gebühren-pflichtig)

Charakter Unschwierige Bergwanderung mit grandiosem Ausblick auf den Achensee. Der Aufstieg führt erst durch Wald, später durch Latschenkiefern zum aussichtsreichen Gipfel empor. Dann geht es auf relativ steilem Bergpfad zum Pasillsattel und hinab zur *Pletzachalm*. Das letzte Stück verläuft fast eben auf dem Seebergsteig.

Karte Kompass-WK 8 Achensee, 1:35.000

	Aktivität	Ski-Langlauf
	Länge	Tristenautal 10 km, Gerntal 16 km, Falzthurntal 18 km (bis *Grammaialm* 9 km)

Route Pertisau – Tristenautal/Gerntal/Falzthurntal und zurück

Anfahrt siehe Wanderung

Charakter Die drei von Pertisau weg-führenden Täler gehören zu den schönsten Langlaufgebieten in Tirol. Insbesondere die Loipe in das Falzthurntal ist angesichts der großartigen Bergkulisse ein Traum. Die 9 km-Loipe zur *Grammaialm* überbrückt fast 300 HM.

Tipp Im nie überfüllten Skigebiet am Zwölferkopf (950–1870 m) herrscht den ganzen Winter eine sichere Schneelage.

der weitere Anstieg zum Gipfel erfolgt. Oberhalb der Waldgrenze zieht der Weg eine markante Schneise durch die dichten Latschen-kiefern. Unterwegs ergeben sich immer wieder reizvolle Tiefblicke auf den Achensee.

Nach Brotzeit und Gipfelschau – vor allem der Blick auf das nahe Karwendelgebirge mit Lamsen- und Hochnisslspitze imponiert! – steigt man Richtung Westen zum Pasillsattel hinab. Der weitere Abstieg führt auf schön angelegtem Steig recht steil in das Gerntal hinab. Dort stößt man auf die *Pletzachalm* und wandert auf dem Seebergsteig nach Pertisau zurück.

Ski-Langlauf vom Feinsten

Da Pertisau dank seiner landschaftlich großartigen Loipen zu den Ski-Langlauf-Eldorados Tirols zählt, lohnt der Ausflug auch im Winter. Die Krönung ist das neun Kilometer lange Falzthurntal,

Aktivität: Bergwanderung, Ski-Langlauf, Ski alpin | **Gastronomie:** Tiroler Küche

Inhaber **Küchenchef**	Familie Sandgruber Florian Sandgruber
Adresse	A-6213 Pertisau 31a
Telefon	+43-5243-5505
E-Mail	info@dorfwirt-pertisau.at
Web	www.dorfwirt-pertisau.at
geöffnet	außer Di 11–21 Uhr; Aug. bis Okt. ohne Ruhetag; Mitte Nov. bis Mitte Dez. geschlossen
Übernachtung	5 Zimmer mit Dusche und WC
Schmankerltipp	Grünkernlaibchen auf Kresseschaum und Lachstartar (9,50 €), Altwiener Zwiebelrostbraten mit Bratkartoffeln (11,20 €), Zucchinipuffer auf Paprikarahm (7,90 €), B'soffener Kapuziner – Nusskuchen in Ananassaft mit Schokoladensoße und Sahne (4,20 €)

in dem das schroffe Bergtrio Sonnjoch, Schaufel-Spitze und Bettler-kar-Spitze im frostigen Winterkleid eine hochalpine Bilderbuch-kulisse bildet. Ebenfalls sehr schön, aber weniger spektakulär ist das benachbarte Gerntal, während das Tristenautal sich bestens zum Einfahren eignet. Skater und klassische Loipisten kommen in dem schneesicheren Drei-Täler-Winkel übrigens gleichermaßen auf ihre Kosten.

Kunst und Kreativität beim Kochen

Der *Dorfwirt* ist von der Seebergspitze und dem Langlaufzentrum rasch erreicht. Seit über 20 Jahren führt die Familie Sandgruber das rustikal eingerichtete Lokal. Während sich die Eltern mehr und mehr aus dem Tagesgeschäft zurückziehen, verwirklichen die beiden Söhne ihre neuen Ideen. Christoph befreit mit dem angrenzenden Irish Pub „Shake's Beer" den Ort aus der Lethargie des fehlenden Nachtlebens, und Florian läuft in der Küche zu beachtlicher Form auf.

Der junge Küchenchef begann schon im zarten Alter von sieben Jahren mit dem Kochen und nur fünf Jahre später bereitete er auf der *Gaisalm* einer Gruppe ein Filet Wellington zu, was nicht nur seinen Vater sehr beeindruckte. Heute ist er, nach der Ausbildungs-zeit in einem Brixlegger Haubenlokal, ambitioniert, Kunst und Kreativität beim Kochen zu vereinen. Durch die Lust am Experimen-tieren wird ihm nie langweilig, und die Gäste wissen die Qualität der stets frischen Speisen zu schätzen. Auf der Speisekarte stehen 140 Gerichte zur Wahl, darunter Tiroler Schmankerl wie Schlutzkrapfen, Kasspatzen, Speckknödel und Gröstel. Gefragt sind auch die in der Gusspfanne in Kräuterbutter gebratenen Steaks. Wer vegetarische Kost bevorzugt, bestellt zum Beispiel hausgemachte Grünkern-laibchen mit Kresseschaum und Lachstatare.

Grünkernlaibchen auf Käsesoße mit Appetit anregender Blüte dekoriert

Aktivität: Ski-Langlauf, Bergwanderung | Gastronomie: bayerische Schmankerl

Warten auf den Wintertraum

Ski-Langlauf im Leitzachtal

Angesichts der zuletzt eher mauen Winter sind die Freunde des Ski-Langlaufs nicht auf ihre Kosten gekommen. Dabei ist gerade das schöne Leitzachtal bei guten Bedingungen gleichermaßen ein Hochgenuss für die Skater und klassischen Loipisten. Dezember 2007, ein Tag vor Heiligabend: Eingeschränktes Vergnügen bei Dauerfrost und eisiger Spur. Aber beim nächsten großen Flockenwirbel steigen wir in die Bayerische Oberlandbahn, laufen vom Bahnhof in Fischbachau die große Runde durch das malerische Tal und kehren anschließend im gemütlichen *Klosterstüberl* ein.

Bei einer Höhenlage von rund 750 Metern sollte das Leitzachtal eigentlich so manchen Schneefall abbekommen. Die bequeme Anreise mit der Bahn empfiehlt sich vor allem in der Kleingruppe, da sich mit dem Gruppenticket für bis zu fünf Personen die Kosten minimieren. Außerdem kann man unweit des Bahnhofs gleich seine Ski anschnallen.

Dynamischer Skater bei Hundham vor dem das Leitzachtal beherrschenden Breitenstein

Loipen für jeden Fitnessgrad

Das *Klosterstüberl* ist vom Bahnhof nur knapp zwei Kilometer entfernt, theoretisch könnte man also direkt in die Einkehr steuern. Ein voller Magen drosselt jedoch das Tempo in der Spur, Speis und

Aktivität: Ski-Langlauf, Bergwanderung | Gastronomie: bayerische Schmankerl

	Aktivität	Ski-Langlauf

Routen Rundkurs Fischbachau – Brücke Abzweig Elbach 7 km; Rundloipe Fischbachau Bahnhof – Hundham 18 km, Rundloipe Hundham – Wörnsmühl 9 km

Anfahrt

ÖVM Die Bayerische Oberlandbahn (BOB) verkehrt von München stündlich nach Fischbachau.

Auto Mit dem Auto auf der A 8 bis zur Ausfahrt Weyarn und auf der B 307 nach Miesbach, von dort über Schliersee oder durch das Leitzachtal nach Fischbachau. Parkplatz in der Badstraße nördlich des Klosters

Charakter Die Loipen führen in leicht hügeligem Gelände durch das reizvolle Leitzachtal und sind bei guter Schneelage auch vom weniger geübten Langläufern problemlos zu meistern. Die Variante nach Wörnsmühl ist jedoch anspruchsvoller.

Karte Übersichtstafeln befinden sich an der Strecke.

Vom nur 3 km entfernten Birkenstein beginnt eine schöne Rundwanderung auf den Breitenstein (siehe S. 119)

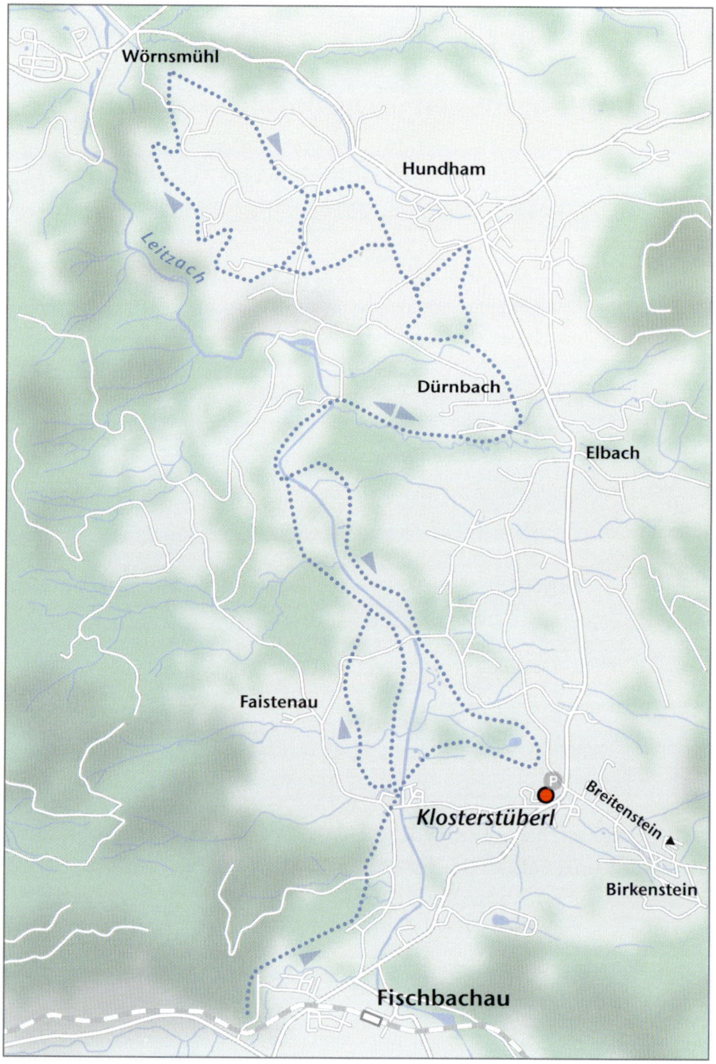

Streckenabschnitt kurz vor Fischbachau

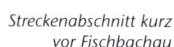

Wörnsmühl

Hundham

Leitzach

Dürnbach

Elbach

Faistenau

Klosterstüberl

Breitenstein ▲

Birkenstein

Fischbachau

Trank müssen somit warten. Zudem ist die Vorfreude auf eine ausgiebige Runde in einer zauberhaften Winterlandschaft groß.

Wie sportlich diese Runde ausfällt, kann man unterwegs flexibel entscheiden. Zunächst gleitet man parallel zur Leitzach in Richtung Norden und steuert über die Loipenvariante Faistenau auf eine Brücke zu. Auf der anderen Flussseite führt die Loipe in Gegenrichtung nach Fischbachau zum *Klosterstüberl*. Hier bereits umzukehren wäre jedoch ein Frevel, denn die Landschaft wird im weiteren Verlauf mit Blick auf den das Tal beherrschenden

Breitenstein immer reizvoller. Nach dem Anstieg nach Dürnbach folgt die Querung nach Hundham. Und wer sich hier immer noch in Form fühlt, sollte sich den reizvollen Rundkurs nach Wörnsmühl nicht entgehen lassen. Das Terrain wird in diesem Abschnitt noch hügeliger und somit anspruchsvoller.

Der Klosterstüberl-Salat ist nach der Loipeneinheit genau das Richtige.

Zum Fischbachauer Kloster

Unabhängig von der Wegstrecke ist beim individuellen Wendepunkt in etwa Halbzeit. Zurück loipt man am östlichen Leitzachufer entlang zuletzt auf die weithin sichtbare Kirche St. Martin zu. Obwohl ihre Außenfassade eher schlicht ist, zählt sie zu den schönsten romanischen Basilikas in Südbayern. Sie wurde vor knapp 900 Jahren im Auftrag der Hirsauer Benediktinermönche in romanischem Stil erbaut und zur Barockzeit mit Stuckarbeiten aus der weltberühmten Wessobrunner Schule ausgestattet. Von der Kirche sind es über den Klosterhof nur ein paar Schritte zum *Klosterstüberl,* das mit der Familie Grüner seit Dezember 2006 neue Pächter hat.

Bayerische Schmankerl, raffiniert verfeinert

Thomas Grüner ist Feinschmeckern durch seine langjährige Arbeit als Küchenchef im *Arabella Sheraton Hotel* am Spitzingsee, im *Bayerischen Hof* in München und im *Hotel Bachmeier* in Rottach-Egern ein Begriff. Nach einer Blindbewerbung erhielt der gebürtige Fischbachauer überraschend schnell das Angebot, die Pacht des *Klosterstüberls* zu übernehmen. Seine Frau Annegret, als Hotelfachfrau für die organisatorischen Belange zuständig, stammt hingegen aus Göttingen.

Die bayerischen Schmankerl verfeinert der Küchenchef auf kreative Weise. Auf der Wunschliste ganz oben steht bei den Gästen das „Klostertrio" aus Kaspress-, Spinat- und Speckknödel, das mit zerlassener Butter beträufelt und mit feinem Parmesankäse bestreut wird. Richtig stimmungsvoll wird es im gemütlichen Gewölbekeller jeden letzten Dienstag eines Monats beim Musikantenstammtisch.

Inhaber	Annegret und Thomas Grüner
Küchenchef	Thomas Grüner

Adresse	Kirchplatz 9 83730 Fischbachau
Telefon	0 80 28 - 90 74 11
E-Mail	klosterstueberl@gmx.net
geöffnet	Täglich 10–23 Uhr, warme Küche 12–21 Uhr, Ende Sept. bis Juni Mi Ruhetag
Schmankerltipp	Kartoffellauchsuppe mit Speck und Kernöl (3,20 €), Klosterstüberl-Salat – knackige Salate der Saison mit gebratenem Putensteak, Austernpilzen, Kürbiskernen und Körnerbaguette (8,90 €), gefüllter Marzipan-Bratapfel mit Amaretto-Vanillesoße und Vanilleeis (4,90 €)

Aktivität: Bergwanderung, Ski-Langlauf | Gastronomie: bayerische und internationale Küche

Blaue Berge, blaues Blut
Wanderung in den Blaubergen

Wildbad Kreuth liegt versteckt auf einer Anhöhe inmitten des Tegernseer Tals. Bekannt ist dieser Ort vor allem durch die CSU, die hier regelmäßig in Klausur geht. Schräg gegenüber des feudalen Tagungsgebäudes kocht der gebürtige Heidelberger Eckart Hinz im *Wirtshaus Altes Bad* ordentlich auf. Die urgemütliche Einkehr kennen allerdings nur wenige Politiker von innen, vermutlich weil ihnen dort zwischen den Sitzungen die Presse wie ein lästiger Schwarm Fliegen am Jacket hängen würde. Manchen würde bei Spezialitäten wie „Tagliatelle mit Ragout – nach Fürther Spezialrezept mit zarten Latexhandschuhen ausgerollt", die während der Tagung auf Parteikosten den Journalisten angeboten werden, ohnehin der Appetit vergehen.

Diese Anspielung auf die Querulantin Pauli verdarb der C-Partei im Dezember 2007 derart den Appetit, dass sie die Speisekarte zensierte. Auch Herzog Max in Bayern – als Eigentümer mit seinen fünf Töchtern Stammgast im Alten Bad – dürfte diese Art von Humor kaum geteilt haben. Blaues Adelsblut am roten Quellbach, der hinter der Einkehr zu Tale sprudelt. Im Gegensatz zu früher, als sich hier die Zarin von Russland, dazu Prinzen, Hofräte und Dichter die Ehre gaben, profitieren heute jedoch vor allem die Wanderer von der guten Küche.

Wildwasser und Bergromantik

Die romantische Wolfsschlucht bei Wildbad Kreuth ist eines der begehrtesten Wanderziele im bayerischen Alpenraum. Geübte Wanderer erklimmen sie auf dem Weg zum Blauberggrat. Wer gerne am Wildwasser wandert, kommt beim Anstieg in die Schlucht voll auf seine Kosten: Bis zu den *Siebenhütten* begleitet uns die reißende Hofbauernweißach auf Schritt und Tritt, beim Abbiegen in das Tal der Wolfsschlucht spritzt uns das Wasser der Felsweißach entgegen und im Talschluss schießen gar kleine Wasserfälle zu Tale. Beim

Aktivität	Bergwanderung	
Gehzeit	4,5 Stunden	
Höhenmeter	800	

Route	Wildbad Kreuth – *Siebenhütten* – Wolfsschlucht – Schildenstein (1613 m) – *Königsalm* – Wildbad Kreuth (*Altes Bad*)
Anfahrt	
ÖVM	Mit der BOB nach Tegernsee, dort in den RVO-Bus 9556 zum großen Wanderparkplatz in Wildbad Kreuth umsteigen (letzte Rückfahrt: 18.11 Uhr)
Auto	Mit dem Auto kann man nach Anfahrt über den Tegernsee (B 307) an der Hanns-Seidel-Stiftung parken.
Charakter	Bis zur Wolfsschlucht einfache Wanderung im Tal der wilden Felsweißach, dann geht es teilweise drahtseilgesichert durch die schattigen Steilhänge empor. Die Besteigung des Schildensteins und der folgende Genussabstieg wird wieder auf bequemen Steigen zurückgelegt.
Wegweiser	*Siebenhütten* und Schildenstein sind gut beschildert, Abstieg auf Wanderweg BB 2 und BB
Karte	Kompass-WK 8 Tegernsee

Im Winter locken die schneesicheren Loipen von Wildbad Kreuth Richtung *Glashütte* (9 km) und Tegernsee (insgesamt 50 km).

Bevor der Gipfel des Schildenstein erreicht ist, durchschreitet man die imposante Wolfsschlucht.

Aktivität: Bergwanderung, Ski-Langlauf | Gastronomie: bayerische und internationale Küche

Inhaber	Birgit und Eckart Hinz
Küchenchef	Eckart Hinz

Adresse	Altes Bad 2
	83708 Wildbad Kreuth
Telefon	08029-304
Web	www.altes-bad.de
geöffnet	Di–So 11–23 Uhr,
	feiertags auch Mo
Hinweis	Ab 2009 übernimmt
	Axel Winkelmann vom
	Gasthaus Zum Hirschberg
	die Pacht.
Schmankerltipp	Terrine Terlaner Wein-
	süppchen mit Sahnehäub-
	chen und gerösteten
	Mandeln (4,50 €), haus-
	gemachte Fleischpflanzerl
	mit Kartoffelsalat (8,80 €),
	Rinderbäckchen in Merlot-
	soße mit frischen tournier-
	ten Gemüsen und Semmel-
	knödel (16,80 €), Crème
	brûlée (7,50 €)

Bouillabaisse vom Geflügel

Salatdressing

Sauerrahm oder Joghurt, scharfer Senf, 1 ganzes Ei roh, Brühe, 2–3 Zehen Knoblauch, Salz, Pfeffer, Essig, Öl, Zucker und frische Kräuter im Mixer anrühren

Aufstieg durch die Schlucht muss man auf den Anblick des Wassers zwar verzichten, dafür trifft man in der wilden Felslandschaft mit etwas Glück auf Gamsrudel.

Im oberen Abschnitt flacht das Gelände ab, man erreicht den Blauberggrat zwischen Schildenstein und Predigtstuhl. Reizvoll ist die Tour über den gesamten Grat und diverse Gipfel zur Halserspitze, doch ist man hier insgesamt rund sieben Stunden unterwegs. Viele begnügen sich daher mit der Variante über den Schildenstein, von dessen Gipfel man den Blauberggrat sehr schön überblickt. Im Süden grüßen hinter dem nahen Guffert das Rofan- und Karwendelgebirge. Nach der Gipfelschau wandert man mit der Nachmittagssonne im Gesicht gemütlich über die *Geißalm* abwärts; möglich ist auch der kurze Umweg über die *Königsalm*. Im Talboden überquert man die Hofbauernweißach auf einer Brücke und erreicht an der Kreuther Fischzucht vorbei nach kurzem Gegenanstieg das *Alte Bad*.

Pächterwechsel zur Jahreswende

Im *Alten Bad* beglücken Küchenchef Eckart Hinz und seine Frau Birgit ihre Gäste mit guter Kost, Charme und Temperament. Das Paar ist schon seit einer ganzen Weile verheiratet und international herumgekommen; die Reise nach Südafrika im Jahr 1969 ist noch in Erinnerung. Probleme wie Apartheid und Immigration sowie die Sehnsucht nach der oberbayerischen Berg- und Seenlandschaft ließ die beiden jedoch nach eineinhalb Jahren mit dem Frachtschiff über Venedig zurückkehren. Vor zehn Jahren ergatterte Eckart Hinz unter 60 Bewerbern die Pacht im *Alten Bad*.

Im Januar 2009 vollzieht sich im *Alten Bad* allerdings ein Pächterwechsel. Axel Winkelmann, der sich nicht nur im Tegernseer Tal durch seine feine Küche im *Gasthaus Zum Hirschberg* einen Namen gemacht hat, übernimmt voll motiviert das Zepter. Bis dahin aber wird Eckart Hinz weiterhin alle 14 Tage nach Südtirol fahren, um Wein vom Privatwinzer, Rinderlende, Speck und Huhn nach Wildbad Kreuth zu importieren. Die Bouillabaisse vom Geflügel mit Poularde-Wachtel-Perlhuhn und Maishähnchen etwa kocht er aus den Zutaten seines Südtirol-Imports.

Die Genießer auf der sonnigen Terrasse haben die am Bach spielenden Kinder und Hunde stets im Blickfeld.

Auf Witz und Ironie in der Speisekarte werden die Journalisten bei künftigen Klausurtagungen allerdings verzichten müssen. Denn auch Axel Winkelmann teilt diese Art von Humor nicht.

Käsekuchen ohne Boden

Zutaten: 1500g Magerquark, 7 ganze Eier (trennen), 2 kleine Tassen Zucker, 8EL Hartweizengrieß, 2EL Pudding, Vanille, Salz, 1 Backpulver, Zitronensaft

Zubereitung: Die Eier trennen. Das Eigelb mit dem Zucker, dem Hartweizengrieß, Puddingpulver, Vanille, Salz und dem Backpulver vermengen. Dann den Magerquark und Zitronensaft zugeben, die Masse cremig rühren. Eiweiß steif schlagen und unterheben. Teig in die eingefettete Springform füllen und bei 145° 50 Min. backen.

Aktivität: Bergwanderung, Radtour, Rodeln | Gastronomie: bayerische und internationale Küche

Bavaria Blu zwischen Tegernsee und Schliersee

Rundwanderung Gindelalmschneid

Die *Ostiner Stuben* ist ein Musterbeispiel dafür, wie man Heimatverbundenheit und Offenheit gegenüber fremder (Ess-)Kulturen miteinander verknüpfen kann. Doch bevor wir die gleichermaßen fantasievolle wie geschmackvolle Kost auf der Zunge zergehen lassen, schnuppern wir erst einmal die würzige Tegernseer Landluft.

Wandern zwischen zwei Seen

Direkt an der *Ostiner Stuben* zweigt von der Schlierseer Straße die Neureuthstraße ab, dann geht es rechts auf dem Hochwiesweg zum *Königssee-Bodensee-Radweg*. Nach zwei Kilometern erreicht man über Niemandsbichl den Parkplatz Oberbuchberg vis-à-vis der Schnapsbrennerei. Wer sich einen Willi oder Obstler mit auf den Berg nehmen möchte, kann sich am Hof bevorraten. Hier beginnt auch der Anstieg zur *Neureuth*, der im Winter vor allem bei den Rodlern sehr gefragt ist. Etwa eine halbe Stunde kürzer ist übrigens der direkte Aufstieg vom Ostiner Skilift.

In Vorfreude auf eine flotte Abfahrt ziehen diese beiden Kinder am Gehöft Oberbuchberg ihre Rodel hoch.

Von der *Neureuth* genießt der Wanderer den klassischen Tegernsee-Blick mit Gipfeln wie Wallberg, Setzberg, Hirschberg, Fockenstein und Guffert; auch Blauberge, Karwendel und Rofangebirge lassen sich bestimmen. An schönen Wochenenden ist auf der sonnenreichen Terrasse kaum ein Platz zu ergattern, Grund genug, sich die Brotzeit für die verhältnismäßig einsame *Gindelalm* aufzuheben. Diese erreicht man in schöner Waldquerung und nach der lohnenden Überschreitung der 1335 Meter hohen Gindelalmschneid. Vom Gipfel ist einem durch den Waldgürtel zwar der Blick nach Süden versperrt, wandert man jedoch noch wenige Minuten auf dem Höhenrücken entlang, genießt man einen schönen Blick auf den Schliersee.

Der Abstieg zur *Gindelalm* ist rasch zurückgelegt. Dort sorgt das Warnschild „Für Beschädigung von KFZ durch Weidevieh wird keine Haftung übernommen" für Erheiterung. Hinter der Alm wandert man auf dem Fahrweg im Nordschatten des Auerbergs in Richtung Hausham. Achtung: Nach der letzten Kehre zweigt links unser Steig in Richtung Rettenbeck ab (kein Schild). Noch vor Erreichen der Talsohle nimmt uns der *Königssee-Bodensee-Radweg* mit zur Schlussetappe in die *Ostiner Stuben*.

	Aktivität	Bergwanderung
	Gehzeit	4 Stunden
	Höhenmeter	600

Route	Ostin – *Neureuth* – Gindelalm-schneid – *Gindelalm* – Ostin
Anfahrt	
ÖVM	Mit der BOB von München nach Gmund am Tegernsee, Anschluss RVO-Bus 9558 Richtung Mies-bach (Haltestelle Ostin)
Auto	Autofahrer (über Holzkirchen und Gmund) parken entweder an der *Ostiner Stuben* oder in Oberbuchberg
Charakter	Abwechslungsreiche Rund-wanderung, die sich auch als Wintertour eignet. Nur wenige steilere Passagen. Viel Wald.
Wegweiser	Wanderwege N1 und N2 bis *Gindelalm*, in Talnähe zum Teil auf dem *Königssee-Bodensee-Radweg*.
Karte	Kompass-WK 8 Tegernsee

Rodelabfahrt von der *Neureuth* zur *Schnapsbrennerei Ober-buchberg*, Rundloipe zwischen Ostin und Oberbuchberg, kleine Skipiste am Ödberg (www.oedberg.de)

Der *Königssee-Bodensee-Radweg* führt direkt an der *Ostiner Stuben* vorbei.

Stets neue Herausforderungen

Obwohl der Pächter und Küchenchef Manfred Groß als gebürti-ger Gmunder mit seiner Heimat fest verwurzelt ist, reicht sein kuli-narischer Weitblick über die Tegernseer Grenzen hinaus bis in alle möglichen Länder. Je nach Saison und Experimentierfreude gibt es auch mediterrane und asiatische Kost. Da der Gastronom nichts

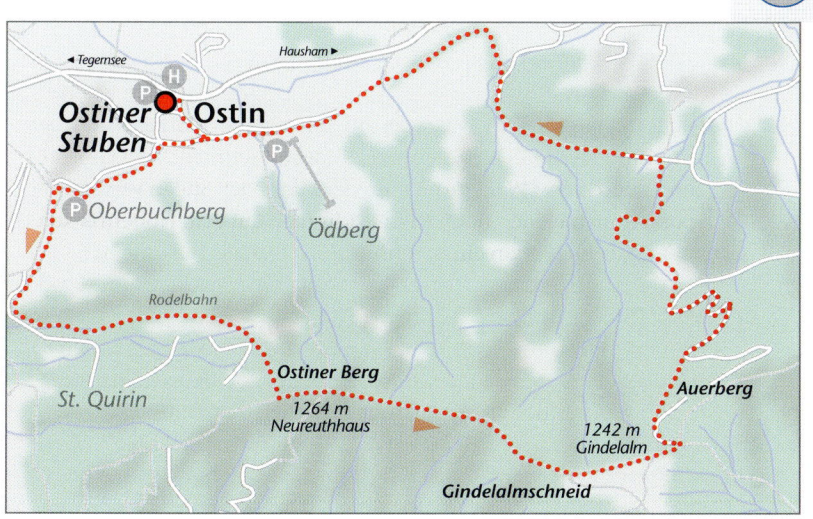

Am Gipfelhang der Gindelalmschneid wird es etwas steiler.

Aktivität: Bergwanderung, Radtour, Rodeln | Gastronomie: bayerische und internationale Küche

Inhaber und Küchenchef	Manfred Groß
Service	Manuela Stangl

Adresse	Schlierseer Straße 60 83703 Gmund/Ostin
Telefon	08022-76348
E-Mail	info@ostinerstuben.de
Web	www.ostinerstuben.de
geöffnet	Mo und Mi–Sa 17–0 Uhr, So und Fei 10–0 Uhr, für Wandergruppen ab 20 Personen Absprache möglich
Schmankerltipp	Ostiner Magentratzerl (4,50 €), Zanderfilet in der Kartoffelkruste (12,90 €), sonntags ab 17 Uhr *Haxerlabend* – knuspriges Spanferkel-haxerl mit Tegernseer Biersoße, Kartoffel- und Brez'nknödel sowie hausgemachtem Speckkrautsalat (6,90 €)

mehr fürchtet als Gewohnheitstrott und Monotonie, macht er der Kundschaft mit diversen Aktionen Appetit. Selbst die heimatverbundenen Stammgäste schätzen seine experimentierfreudige Küche, weil sich über Jahre hinweg Vertrauen aufgebaut hat. Und so freut sich jeder, wenn mal wieder scharfe Mie-Nudeln auf den Tisch kommen oder ein Caciu all' arginerta – ein würziger Käse aus Palermo – in der Pfanne schmort.

Andererseits sind auch seine heimischen Spezialitäten nicht zu verachten. Wir kosteten Grießnockerl auf frisch geschwenktem

Blattspinat, überbacken mit dünnen Tomatenscheiben und dem bayerischen Edelpilzkäse Bavaria Blu. Köstlich waren auch die Kürbisravioli mit italienischem Coppa und Parmesan: Die frischen Nudeltaschen wurden mit Ricotta-Kürbisfüllung in zerlassener Butter serviert, garniert mit gebratenen Kürbis- und Zucchiniwürfeln sowie gerösteten Kürbiskernen.

Mediterraner Antipastiteller

Italienischer Coppa-Schinken garniert die frischen Nudeltaschen neben Kürbis- und Zucchiniwürfeln und einer saftigen Tomate.

Dünne Scheiben der italienischen Schinkenspezialität Coppa und geriebener Parmesan rundeten den Geschmack ab. Somit genossen auch wir eine pikante internationale Note.

Der sagenhafte *Schmiedwirt*

Wanderung von Birkenstein auf den Breitenstein

Unter dem „Schmiedwirt" hatten wir uns etwas anderes vorgestellt. Auf der hauseigenen Website erfährt man vom tragischen Schicksal eines gewissen Karl Quercher, der 1876 als Hammerschmied und Wirt in Elbach arbeitete, bis ihm ein aus seiner Waffe verübter Jägermord zum Verhängnis wurde; er verstarb in einer feuchten Münchener Gefängniszelle und nahm sein Tätergeheimnis mit ins Grab. Wir erwarteten hier also einen eher rustikalen und kräftigen Wirt, bis uns der jung-dynamische und überaus freundliche Thomas Storr gegenüber stand und unsere Vorstellungen in das Reich der Fabel verwies. Noch erstaunter waren wir über die vorzeigbare Vita des sympathischen, erst 32 Jahre alten Inhabers und Küchenchefs – auf dem Weg zu seiner Selbstständigkeit im Dezember 2000 feilte er zum Beispiel in den Sternehäusern *Arabella* am Spitzingsee und *Golfhotel Waldhus* in Davos an seiner Kochkunst.

Rundtour auf den Breitenstein

D er *Schmiedwirt* liegt quasi am Fuß des Breitensteins. Idealer Ausgangsort für dessen Besteigung ist jedoch Birkenstein bei Fischbachau. Der Anstieg zur *Kesselalm* verläuft auf der 2,5 km langen Rodelbahn, die mit einem durchschnittlichen Gefälle von 18 Prozent die wahren Könner herausfordert. Während im Winter beim Wandern mit der vereisten Bahn Probleme auftreten können,

Genießer und Wanderer an der Kesselalm *vereint*

Aktivität: Bergwanderung, Rodeln, Ski-Langlauf | Gastronomie: Spezialitätenwochen

Aktivität	Bergwanderung
Gehzeit	4 Stunden
Höhenmeter	800

Route Birkenstein – Kesselalm – Breitenstein – Bucheralm – Birkenstein

Anfahrt

ÖVM Mit der Bayerischen Oberlandbahn (BOB) nach Fischbachau, Wanderweg W3 nach Birkenstein, Abstieg nach Elbach, mit dem RVO-Bus nach Fischbachau oder Miesbach

Auto A8 Ausfahrt Weyarn bzw. Irschenberg und über Fischbachau bzw. Leitzachtal nach Birkenstein

Charakter Der Anstieg zur *Kesselalm* verläuft auf einem Fahrweg, dann geht es in den steilen Südhang des Breitensteins. Nach Überschreitung des Doppelgipfels Abstieg über die *Bucheralm* mit schönem Blick in das Leitzachtal

Wegweiser Aufstieg zur Einsattelung am Schweinsberg Fernwanderweg E4, weiterer Gipfelanstieg B4, Abstieg B4a

Karte Kompass-WK 8 Schliersee

Von der *Kesselalm* führt eine 2,5 km lange und durchschnittlich 18 % steile Rodelbahn nach Birkenstein. Im Leitzachtal gibt es schöne Loipen, vom *Schmiedwirt* kann man nach kurzer Abfahrt auf der Ötzstraße direkt Richtung Fischbachau und Hundham loslegen (siehe S. 109).

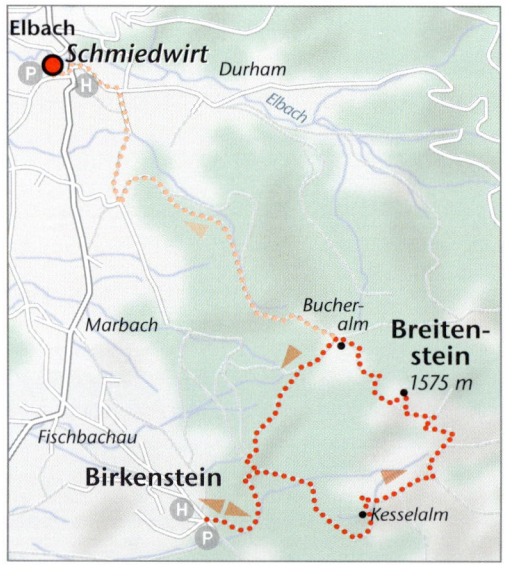

Gipfelfels am Breitenstein mit Wendelsteinblick

Rosa gebratenes Lammkarree und Lammpflanzerl auf Kartoffel-Bohnengemüse

Gemischtes Eis mit einer feinen Karamellsoße

gelangt der Wanderer bei trockenen Bedingungen ob der rhythmischen Steigung rasch zur *Kesselalm*. Von der Alm wird der baumfreie Nordwesthang des Schweinsbergs gequert, bevor auf Höhe der Materialseilbahn eine flache Einsattelung erreicht wird. Erstmals zeigt sich der Wendelstein mit seiner grimmigen Nordwand. Der Schlussanstieg durch den steilen Südhang verläuft ein gutes Stück westlich der Seilbahn und führt im oberen Bereich zwischen kleinen Felsbändern hindurch. An der *Hubertushütte* taucht bereits das Gipfelkreuz des Ostgipfels (1622 m) auf.

Platz für die Brotzeit findet man am Breitenstein zur Genüge, im Schutz der Latschen lässt es sich auf der Sonnenseite des Berges auch an kühleren Tagen angenehm sitzen. Beim Anblick des pyramidenförmigen Großvenedigers (3674 m) im Süden schmeckt die Brotzeit gleich viel besser. Obwohl der Westgipfel etwas tiefer ist, ist er mit einem massivem Holzkreuz geschmückt. Von hier offenbart sich das schöne Leitzachtal in seiner ganzen Länge. Der Abstieg führt zunächst geradewegs auf die Dorfkirche von Elbach zu, biegt dann aber auf Höhe der Bucheralm in südliche Richtung ab. Der direkte Weg nach Elbach und zum *Schmiedwirt* macht nur dann Sinn, wenn man sich zuvor nach einer geeigneten Verbindung mit dem RVO-Bus erkundigt hat.

Gefragte Spezialitätenwochen

Thomas Störr verwöhnt seine Gäste das ganze Jahr über mit Spezialitätenwochen. Bei unserem ersten Besuch an einem kalten Februarsonntag waren gerade die Fisch- und Hummerwochen angesagt. Nach dem „Gruß aus der Küche" – ein köstliches Blätterteig-Pastetchen mit Rahmschwammerl – ließen wir uns eine Kartoffel-

kressesuppe mit Hummerfleisch und eine legierte Miesmuschelsuppe mit Gemüsestreifen schmecken. Vom Feinsten war auch das gebratene Baramundifilet mit Champagnersoße, Zuckerschoten und hausgemachten Nudeln. Spezialitätenwochen finden auch zur Spargel-, Schwammerl- und Wildzeit statt.

Nachdem uns das Essen und der Grüne Veltiner gemundet hatten, ließen wir uns von Thomas Storr den gut sortierten Weinkeller

zeigen. Hoffentlich ergeht es ihm nicht so wie dem Vorbesitzer, dessen Weinkeller vom Hochwasser überschwemmt wurde; damals lösten sich die Weinetiketten von sämtlichen Flaschen, die im Anschluss ohne Rücksicht auf die unterschiedliche Qualität zum Einheitspreis versteigert wurden. Nach der Besichtigung stürzten wir uns in die nahe Loipe und sahen bald vor lauter Flockenwirbel die Spur nicht mehr.

Inhaber und Küchenchef	Thomas Storr
Adresse	Ötzstraße 2 83730 Fischbachau/Elbach
Telefon	0 80 28-9 05 40 01
Web	www.schmiedwirt-elbach.de
geöffnet	Täglich ab 17 Uhr, Sonn- und Feiertage auch 11–14 Uhr, Mi Ruhetag
Schmankerltipp	Grünkern-Dinkel-Pflanzerl auf Rahmkohlrabi und Wildreismix (14,50 €), „Indisches Märchen" – Maispoulardenbrust in Cornflakes mit Früchten, Currysoße und Reis (14,50 €), rosa gebratenes Lammkarree und Lammpflanzerl auf Kartoffel-Bohnengemüse (22,50 €), Schokoladenfondue mit Früchten (ab 2 Pers. 15 €)

Alt Wiener Kartoffelsuppe

für 4 Personen

Zutaten: *1 kleine Zwiebel, 1 Karotte, 1/2 Lauch, 1/4 Sellerie (alles in feine Würfel schneiden), 2 Kartoffeln, 0,2l Weißwein, 1/2l Fleischbrühe, 1/4l Sahne, 100g Butter, Petersilie zum Garnieren, Salz, Pfeffer, eine Spur Majoran*

Zubereitung: Butter anschmelzen, Wurzelgemüse dazu, Kartoffelwürfel roh dazu, mit Weißwein ablöschen, mit Brühe auffüllen und Sahne dazugeben. Je nach Dicke evtl. rohe Kartoffeln zur besseren Bindung hineinreiben, abschließend würzen und servieren.

Aktivität: Radtour | Gastronomie: mediterran-bayrisch

Blüten-Arie im Goldenen Tal

Radrundtour über dem Mangfalltal

Das Mangfalltal ist touristisch kaum erschlossen, obwohl es insbesondere rund um das Mangfallknie sehr attraktiv ist. Wie tief sich der Fluss infolge der Eiszeit in die Moränenlandschaft eingegraben hat, erfährt der Radler mittels dreier kapitaler Anstiege am eigenen Leib. Gut, dass die Schweißperlen bei der Abfahrt von Sonderdilching nach Hochzolling im Fahrtwind lange wieder getrocknet sind, damit man die Schmankerlküche im *Gasthaus Kreuzmaier* auch in vollen Zügen genießen kann. Man mag es kaum glauben, welch raffinierte Küche sich in diesem mindestens 500 Jahre alten Haus verbirgt.

Einrollstrecke Richtung Mangfalltal

Mensch und Tier freuen sich bei Sonderdilching gemeinsam über den wunderschönen Frühlingstag.

Die Tour beginnt in Peiß auf der Holzkirchener und Peißer Straße bis zur Kreuzstraße sehr gemütlich, bevor hinter dem Bahnübergang der erste sanfte Anstieg beginnt. Über Hohendilching steuert man aussichtsreich über Wiesen nach Valley und von dort in rasanter Talfahrt zur Mangfallbrücke. Die Mangfall ist der wesentliche Trinkwasserlieferant der Stadt München – täglich fließen aus dem

Quellgebiet rund 250 Millionen Liter in die bayerische Metropole. Die technische Nutzung des Wassers belastet jedoch den Fischbestand, da die Tiere zum Beispiel aufgrund mächtiger Stollen an ihrer Wanderschaft gehindert werden und somit nicht mehr laichen können. Beim steilen Anstieg nach Sonderdilching können wir frisches Quellwasser in den Trinkflaschen gut gebrauchen. Im Ort geht es rechts, nach der Ortsausfahrt die erste Straße links zur Abfahrt in Richtung Holzolling.

Kochen mit Blüten und Kräutern

Seit rund 125 Jahren bereits bezieht der *Gasthof Kreuzmair* sein Bier von der *Brauerei Graf* aus Valley, doch das urige Gasthaus ist immerhin viermal so alt wie diese traditionelle geschäftliche Bindung. Bei Sommerwetter genießt man vom Garten zwischen Haselnuss-

Aktivität	Radtour
Fahrzeit	3 Stunden
Strecke	35 km
Höhenmeter	380

Route	Peiß – Kreuzstraße – Valley – Sonderdilching – Holzolling – Westerham – Mangfallknie – Großhelfendorf – Peiß

Anfahrt	
ÖVM	Mit der S 6 nach Peiß
Auto	Über Aying zum Bahnhof Peiß
Charakter	Äußerst kurzweilige Rundtour im Umkreis des Mangfalltals, in das gleich dreimal abgefahren wird. Die Gegenanstiege aus dem Tal heraus sind kurz, aber heftig. Bis auf den Forstweg im Kleinkarolinenfeld verläuft die Route meist auf kleinen Teerstraßen mit wenig Autoverkehr.
Wegweiser	Bis Valley Mangfall-Radweg
Karte	ADFC-RK München/ Alpenvorland

Die private Kamelstation bei Breitmoos am Mangfallknie liegt etwas abseits der Strecke.

Aktivität: Radtour | Gastronomie: mediterran-bayrisch

Inhaber	Familie Buschak
Küchenchef	Hermann Buschak

Adresse	Westerhamer Straße 12 83629 Holzolling/Weyarn
Telefon	08063-324
E-Mail	info@Gasthaus-Kreuzmair.de
Web	www.Gasthaus-Kreuzmair.de
geöffnet	Di–So im Sommer und Mi–So im Winter ab 10 Uhr
Events	In regelmäßigen Abständen treten Kleinkünstler in Erscheinung, darunter die irische Band „The Grashoppers" sowie der Kabarettist Andreas Giebel.
Schmankerltipp	Tranchen von der gebratenen Hähnchenbrust auf Zuckerschoten mit Blattspinat garniert und Mandeldressing (9,80 €); frische, kross gebratene Bauernente mit hausgemachten Kartoffelknödel, Selleriesalat und Blaukraut (12,80 €); Crêpes Rothschild: kleine Pfannkuchen mit marinierten Erdbeeren und Vanilleeis (6,80 €)

Dorfkirche mit Obstblüte in Kleinhöhenkirchen

Als Nachtisch leckere Pfannkuchen mit marinierten Erdbeeren und Vanilleeis

sträuchern, Holunderbüschen, Rhododendron und Wildkräutern den Blick auf das sogenannte Goldene Tal. Nach dem oberbayerischen „Schema F" läuft hier kaum etwas ab, schon gar nicht die überaus schmackhafte Küche. „Kochen mit Blüten und Kräutern" lockte 2002 das bayerische Fernsehen zu Dreharbeiten nach Holzolling. Heilsame Schmankerl aus dem eigenen Garten wie

Löwenzahn, Bärlauch, Gänseblümchen, Rote Knolle, Rote Beete, Spargel und Holunder dienen nicht nur zum Garnieren des Essens, sondern dürfen mitgegessen werden. Außerdem bereichert Hermann Buschak bedingt durch seine Kocherfahrung in der Schweiz die bayerische Küche mit international-mediterranen Elementen. Jeden Monat kreiert der Küchenchef ein neues Abendmenü, während des „Goldenen Herbstes" etwa darf sich der Gast auf eine Suppen-Arie aus Brunnenkresse, Kürbis und Wildgeflügelconsomme oder auf Rehnüsschen auf Holunder-Preiselbeersoße mit aufgeschmolzenen Pfifferlingsknödeln freuen. Und zur selbst ernannten fünften Jahreszeit finden die „Schweizer Wochen" statt.

Tranchen von der gebratenen Hähnchenbrust oder doch lieber ein feines Spargel-Bärlauch-Risotto?

Zurück über das Mangfallknie

Nach dem ausgezeichneten Essen rollt man von Holzolling über Naring genussvoll in das Mangfalltal nach Westerham. Dort führt zwischen Fluss und Bahngleis die Höhenkirchener Straße am Gutshof Niederaltenburg vorbei zum Anstieg nach Kleinhöhenkirchen; nach Durchfahrt durch den kleinen Ort geht es gleich wieder hinab zum Mangfallknie. Die Mangfall ist der einzige Fluss an der Alpennordseite, der nicht kontinuierlich nach Norden fließt – sie mündet weiter östlich in den Inn. Ein strenger Anstieg fehlt noch bis Grub, dann ist der Rückweg über Großhelfendorf (nach Überqueren der Bahnlinie rechts in den Kiesweg nach Göggenhofen einbiegen) nur noch Formsache.

Rapunzelrahmsuppe mit Gänseblümchenstrudel und geräucherter Bergbachforelle
für 4 Personen

1. Zutaten Suppe: *150 g Feldsalat, Rapunzel, Nissel, Zwiebel, 20 g Butter, 1 l Fleischbrühe, 1/8 l Sahne, Salz, Pfeffer aus der Mühle*
Zubereitung: Zwiebel in Butter anschwitzen. Den Feldsalat leicht mit Mehl bestäuben und mit den restlichen Zutaten in den Topf geben und aufkochen lassen.

2. Zutaten Pfannkuchen: *80 g Mehl, 2 Eier, 1/5 l Milch, Blätter von 20 Gänseblümchen, Salz*
Zubereitung: Aus den Zutaten einen flüssigen Teig rühren, die weißen Gänseblümchen, die Petalen hinzufügen und in Butter herausbraten.

3. Zutaten Pfannkuchenfüllung: *2 geräucherte Forellenfilets, 1/4 l Sahne, gelbe Blütenstände der 20 Gänseblümchen*
Zubereitung: Forellenfilets mit der Gabel reißen, Sahne hinzufügen und verrühren. Die gelben Blütenköpfe hinzugeben. Die halbfeste Masse auf dem Pfannkuchen verteilen und diesen dann einrollen, in schräge Stücke schneiden und in die Suppe geben. Mit Gänseblümchen und kleinen Rapunzelröschen ausgarnieren.

Aktivität: Radtour | Gastronomie: gehobene bayerische Küche

Brau- und Kochkunst

Radrunde im Ayinger Hinterland

Am 2. Februar 1878 schenkte die Brauerei Aying ihr erstes eigenes Bier aus und erlangte seither mit dem naturtrüben Kellerbier vom Fass und anderen schmackhaften Sorten internationalen Ruhm. Am zentralen Dorfplatz stehen mit der *Brauerei Aying* und dem *Brauereigasthof Hotel Aying* gleich zwei Lokale, in denen die Brauerei und das Familienimperium Inselkammer gleichermaßen ihr traditionelles Heimrecht genießen. Gut zu wissen, dass der Gast zum süffigen Gerstensaft dort auch sehr gutes Essen genießen kann.

Viel Abwechslung rund um das Glonntal

Faszination Radfahren: Die Ayinger Runde in das Glonntal bietet landschaftlichen Hochgenuss.

Doch das Ayinger Bier und die schmackhafte Kost muss man sich erst einmal verdienen, zum Beispiel mit einer Radtour durch das Ayinger Hinterland. Hier ist das Netz an attraktiven kleinen Teerstraßen so dicht geknüpft wie in weiten Teilen Frankreichs – ein Eldorado für ambitionierte Tourenradler. Vom S-Bahnhof in Aying steuern wir auf der Bahnhofstraße und Münchener Straße in den Ortskern und auf der Oberen Dorfstraße Richtung Peiß. An der ersten Straßenkreuzung geht es links über Kaltenbrunn und Graß nach Münster, bevor die erste rasante Abfahrt in das Tal des

Kupferbachs führt. Der Bach wird am Reisenthaler Hof überquert, steil zieht die Straße bis Frauenreuth wieder nach oben. An der Landstraße halten wir uns kurz in Richtung Glonn, dann folgt die Abfahrt über Mattenhofen in das Glonntal.

Mit zunehmender Fahrt über Haslach und Piusheim Richtung Antholing wird der Blick in das Tal und vor allem auf die nahe Alpenkette immer famoser. Hinter Antholing an der Kreuzung nicht gleich rechts abbiegen, sondern erst 100 m später zu den Gehöften Kleinesterndorf und Feuerreit; hier geht es geradeaus nach Nacken und auf einem Kiesweg nach Hirschberg. Eine schnelle Abfahrt und die von Weitem sichtbare Kirche von Großhöhenrain wird im Gegenanstieg erklommen. Aufgrund der Aussicht lohnt der kurze Abstecher nach Kleinhöhenrain, dann führt die Route über Unterlaus nach Kaps; hier links dem Kiesweg bis zur Straße folgen, rechts nach Heimatshofen und links über Kaltenbrunn zum *Brauereigasthof Aying*.

Regionale Küche als Erfolgsrezept

Viele verschwitzte Radler rollen in Aying gleich in den einladenden Biergarten der *Brauerei Aying*, doch der *Brauereigasthof* schräg gegenüber bietet in der urgemütlichen Stube Essen vom Feinsten; es lohnt sich also, sich frische Kleider überzuziehen und sich an den feinen regionalen Spezialitäten zu laben, die Josef Rampl seit über 30 Jahren zubereitet. Der Chefkoch macht aus Lüngerl, Gröstl und Kalbskopf kleine Delikatessen. Das Fleisch stammt vom eigenen Bauernhof, das Gemüse aus der eigenen Gärtnerei und das Wild aus

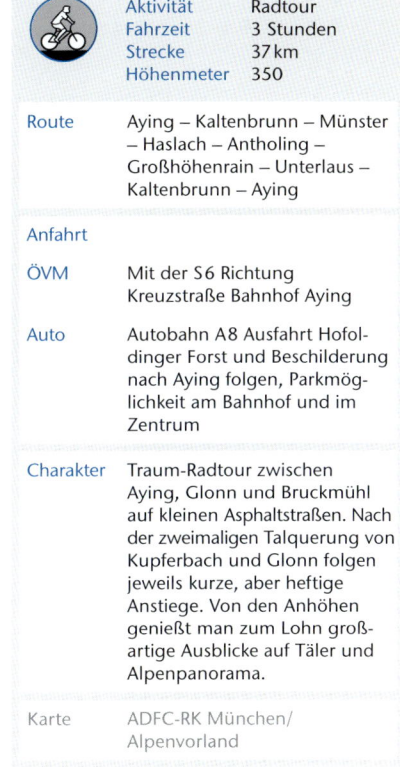

Aktivität		Radtour
Fahrzeit		3 Stunden
Strecke		37 km
Höhenmeter		350

Route	Aying – Kaltenbrunn – Münster – Haslach – Antholing – Großhöhenrain – Unterlaus – Kaltenbrunn – Aying
Anfahrt	
ÖVM	Mit der S6 Richtung Kreuzstraße Bahnhof Aying
Auto	Autobahn A8 Ausfahrt Hofoldinger Forst und Beschilderung nach Aying folgen, Parkmöglichkeit am Bahnhof und im Zentrum
Charakter	Traum-Radtour zwischen Aying, Glonn und Bruckmühl auf kleinen Asphaltstraßen. Nach der zweimaligen Talquerung von Kupferbach und Glonn folgen jeweils kurze, aber heftige Anstiege. Von den Anhöhen genießt man zum Lohn großartige Ausblicke auf Täler und Alpenpanorama.
Karte	ADFC-RK München/ Alpenvorland

Aktivität: Radtour | Gastronomie: gehobene bayerische Küche

Inhaber	Angela und Franz Inselkammer
Küchenchef	Josef Rampl
Adresse	Zornedinger Straße 2 85653 Aying
Telefon	08095-90650
E-Mail	brauereigasthof@ayinger-bier.de
Web	www.ayinger.de
geöffnet	täglich warme Küche 11.30–14.30 u. 18–22 Uhr
Übernachtung	34 Gästezimmer im Hotel
Tipp	Brauerei-Führung (Münchner Straße 21): Di 11 Uhr, Do 18 Uhr Sa 10 Uhr (Erw. 7 €, Kinder ab 7 Jahre 5 €); jeden 1. So im Monat ab 10 Uhr Frühschoppen mit zünftiger Live-Musik
Schmankerltipp	Salat vom Laugenstangerl mit Parmesanmousse und Löwenzahn (12,80 €), biergebeizter Ochsentafelspitz mit frischem Rahmkohlrabi und Reiberdatschi (17,80 €), gespickter Rehschlegel in Wildrahmsoße mit Schwammerl, Apfelblaukraut und Schupfnudeln (19,00 €), Wallerfilet aus dem Rieslingsdampf in Gartenkräutersoße mit Blattspinat und Nusskartoffeln (22,00 €), Buttermilch-Vanilleparfait auf Kirschröster mit Pistazienkrokant (8,50 €)

Silvia Janker zapft in der Brauerei im Rahmen einer Führung unfiltriertes Zwickelbier aus der Spirale.

eigener Jagd. Während der beliebten Tiroler Wochen kommen auch Gerichte wie Schlutzkrapfen, Carpaccio vom Bauernspeck oder Gamsrücken mit Steinpilzen aus seiner Wildschönauer Heimat auf den Tisch. Der Lohn seiner Kochkunst sind Auszeichnungen von Michelin, Feinschmecker, Gault Millau, Savoir Vivre sowie anderen Gastronomieführern.

Nach der sportlichen Radtour bietet sich als Aperitif ein Vitamintrunk aus frisch gepressten Früchten an. Im Anschluss bestellten wir als Vorspeise eine leichte Karottencremesuppe bzw. Lebernockerlsuppe, dann folgten als Hauptgang die Gemüselasagne auf Rote-Bete-Soße sowie die Rehmedaillons mit Biertrebernbrotkruste überbacken und Mandelbroccoli. Wenn dann noch ein Plätzchen im Magen frei ist, ist der Ayinger Dessertteller ein guter Tipp.

Tomaten Krebsschwanzsülze
für 4 Personen

Zutaten: *4 Fleischtomaten, 2 Knoblauchzehen, 6 schwarze Oliven, ca. 20 Flusskrebsschwänze je nach Größe, 10 Basilikumblätter, 3 Blatt Gelatine, 200 ml Tomatensaft, Salz, kleiner Spritzer Tabasco.*

Zubereitung: Die Tomaten schälen, vierteln und Kernhaus herausschneiden. Tomatenfleisch in Streifen schneiden, Knoblauch hacken, Oliven entsteinen und schneiden. Tomatenstreifen mit dem Knoblauch und den Oliven vermischen und über Nacht im Kühlschrank ziehen lassen. Gelatine einweichen. Portionsförmchen mit den Tomatenstreifen, Krebsschwänzchen und grob gezupftem Basilikum auslegen. Gelatine ausdrücken, mit wenig von dem Tomatensaft am Herd zerlaufen lassen, mit Salz und einem Spritzer Tabasco würzen und in die ausgelegten Förmchen gießen. Für 3–4 Std. in den Kühlschrank geben. Auf frischen Sommersalaten servieren.

Aktivität: Radtour | Gastronomie: gehobene bayerische Küche

Der Gast ist König

Radtour von Holzkirchen nach Sauerlach

Der Gipfelblick vom *Berghotel Aschbach* nach Süden ist einzigartig: Hoch über dem Mangfalltal breitet sich die bayerische Alpenlandschaft mit dem Wendelstein aus. Vor allem von der Terrasse und vom lichtdurchfluteten Salettl genießt der Gast diese Traumkulisse während des Essens. Viele vor allem ältere Stammgäste schätzen diese Atmosphäre und den freundlichen Service der Gastgeber so sehr, dass sie das *Berghotel* schon fast als zweite Heimat betrachten.

Traditionell bayerisch

Einer dieser Stammgäste, ein unternehmungslustiger Rentner aus Höhenkirchen, hatte hier schon in den 1950er Jahren seinen Durst mit einer Radlerhalben gelöscht. Seine Tochter Sabine feierte im Jahr 2000 hier gar ihre Hochzeit, weil sie ihrem amerikanischen Mann bayerische Traumkulisse und Gastlichkeit vor dem Umzug in die Staaten näherbringen wollte; leider regnete es an diesem Sommertag aus allen Wolken, was der guten Stimmung jedoch keinen Abbruch tat.

Die traditionelle bayerische Gastlichkeit steht im Mittelpunkt der Aschbacher Hausphilosophie. Dazu gehört auch, speziell auf Sonderwünsche des Gastes einzugehen und somit ein sehr persön-

Auf dem Radweg Via Julia unterwegs. Im Hintergrund erkennt man Kleinhelfendorf mit dem Kirchturm von Sankt Emmeran.

Aktivität: Radtour | Gastronomie: gehobene bayerische Küche

Aktivität	Radtour
Fahrzeit	3 Stunden
Strecke	38 km

Route Holzkirchen – Hohendilching – Kreuzstraße – Aschbach – Peiß – Hofoldinger Forst – Sauerlach

Anfahrt

ÖVM Mit der S 5 zum Holzkirchener Bahnhof

Auto Mit dem Auto ist diese Strecken-tour eher in umgekehrter Richtung sinnvoll; das Fahrzeug in Sauerlach parken und von Holzkirchen mit der S-Bahn zwei Stationen retour

Charakter Zwischen Holzkirchen und Asch-bach verläuft die Route meist über Wiesen und Felder auf Teer-straßen mit wenig Verkehr; bei der Waldquerung nach Aschbach ergeben sich schöne Blicke in das Mangfalltal. Anschließend rollt man meist leicht abwärts nach Peiß und auf der bekiesten *Römerstraße* durch den Hofol-dinger Forst nach Sauerlach.

Wegweiser Zwischen Holzkirchen und Hohendilching grüne Radschilder Richtung Mangfalltal; ab Aschbach Radroute *Via Julia*.

Karte ADFC-RK München/ Alpenvorland

Familien mit kleineren Kindern finden im Blindhamer BergTier-Park (Tel. 08063-207638, www.bergtierpark.de) einheimi-sche Tiere sowie Streichelgehege und Spielplatz vor. Zu erreichen ist der Park vom *Berghotel Asch-bach* auf dem *Via Julia*-Wander-weg (2 km).

Mille feuille vom Lachs, mit Crêpe und Ratatouille in Bärlauchsoße

Berghotel Aschbach *aus der Vogelperspektive*

liches Ambiente zu schaffen. Hat der Gast an Essen, Service oder Preis-Leistungs-Verhältnis dennoch etwas auszusetzen, kann er den Folder „Ihre Meinung ist uns wichtig" ausfüllen oder sich persön-lich an das Personal wenden. Der zwischen Wirtsleuten und Gästen fungierende Herr Frankl behandelt Wünsche und Anregungen jeglicher Art erfreulich unbürokratisch und professionell.

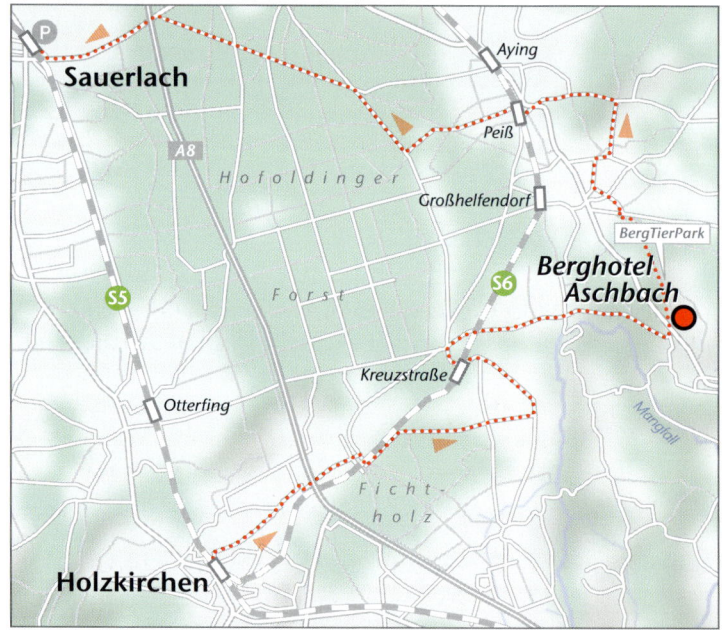

Darüber hinaus weiß die Küche mit ihren kulinarischen Schmankerln aus der Region zu überzeugen: Alle Produkte kommen frisch auf den Teller, je nachdem, was die Jahreszeit hergibt. Forellen und Saiblinge etwa stammen von der Fischzucht März im Mangfalltal, die ihre Bestände aufgrund einfallender Kormoranschwärme akribisch behütet; in schlechten Jahren fallen den Vogelattacken schon einmal bis zu 300 Fische zum Opfer. Wild gibt es in den umliegenden Wäldern hingegen im Überfluss, Frischfleisch vom einheimischen Jäger ist also garantiert. Wir genossen das zarte Fleisch vom Charolais-Rinderbraten, das vom benachbarten Buchberghof angeliefert wurde; dazu tranken wir einen leichtfruchtigen Rouge Vin de Pays de Vaucluse. Zur Krönung gönnt man sich eine Lechner's Bayerische Creme oder einen Kuchen aus der hauseigenen Konditorei. Das Berghotel bildet regelmäßig Azubis aus, die ihr Können übrigens in Form von selbstkreierten Schlemmermenüs unter Beweis stellen.

Inhaber Küchenchef	Familie Lechner Stefan Koch
Adresse	83620 Feldkirchen-Westerham
Telefon	0 80 63-8 06 60
E-Mail	Reception@Berghotel-Aschbach.de
Web	www.Berghotel-Aschbach.de
geöffnet	Täglich das ganze Jahr über mit Ausnahme 23./24. Dez. sowie Kurzurlaub im Winter
Übernachtung	Gepflegte Gästezimmer im *Berghotel*
Schmankerltipp	Hausgeräucherter Lachs mit Dill-Senfsoße und Salatbouquet (9,90 €), Aschbacher Bergschnitzel – Schweinelendchen mit Schinken in Vollkornpanade, Kartoffelgratin und Salat (13,90 €), gebratene Entenbrust auf Wacholder-Rosmarinjus mit Wirsing und Kartoffelgratin (16 €), Lechner's Bayerische Creme (4 €)

Auf der *Via Julia* unterwegs

Nur gut, dass das Gros der Steigungen nach dem Essen schon absolviert ist. Während es auf der Strecke zwischen Holzkirchen und Aschberg vor allem ab Kreuzstraße ordentlich bergauf geht, rollt man auf dem Rückweg in Süd-Nord-Richtung gemütlich von dannen. Vom *Berghotel Aschbach* fährt man kurz auf der Bundesstraße in die Senke, um dann der Radroute *Via Julia* zu folgen. Diese Route ist gut beschildert und führt am BergTierPark Blindach vorbei über Kleinhelfendorf und Kaltenbrunn nach Peiß. Dort überquert man am Bahnhof das Gleis und steuert auf dem Mitterweg in den Hofoldinger Forst. Die *Römerstraße* leitet uns zum Hofoldinger Kreuz und die Hofoldinger Straße zum Sauerlacher Bahnhof.

Mille feuille vom Lachs, mit Crêpe und Ratatouille

für 4 Personen

Zutaten: *320g Lachs, 4 Riesengarnelen Ratatouille: 1 Zucchini, 1 Aubergine, je 1 gelbe und rote Paprika, 1 Zwiebel, 1 Knoblauchzehe, 1 EL Tomatenmark, 200g Tomatenwürfel, Gemüsebrühe, Salz, Pfeffer, Oregano, Thymian, Rosmarin und Basilikum, Zutaten für Crêpe*

Zubereitung: Gemüse in Würfel schneiden, nacheinander Zwiebel, Paprika, Auberginen und Zucchini in Olivenöl mit Knoblauchzehe anschwitzen. Tomatenmark mit etwas Brühe dazugeben. Mit den Gewürzen und Kräutern abschmecken und kurz aufkochen. Lachs in dünnen Scheiben braten. Dann jeweils eine Schicht Crêpe, Lachs und Ratatouille zu einem Turm bauen. Gebratene Garnele obenauf.

Aktivität: Radtour, Wanderung | Gastronomie: bayerische, internationale Schmankerlküche

Adel zwischen Krautbauern

Radtour vom Deutschen Museum nach Freising

Allen bevorzugt gen Süden strebenden Münchner Radlern sei an dieser Stelle mitgeteilt, dass der Isarradweg auch nach Norden seinen Reiz hat. Zwischen dem Deutschen Museum in der Stadtmitte und der Isarbrücke in Freising etwa rollt man auf einer Strecke von 37 Kilometern stets in Flussnähe gemütlich durch das grüne Isartal. Unterwegs lohnt ein Abstecher in das Ortszentrum von Ismaning. Denn hier führt die Familie Seidl bereits in der vierten Generation mit viel Engagement den *Gasthof Zur Mühle*, eine der besten Schlemmeradressen im Münchner Norden.

An der Isar nach Ismaning

Ein Meer aus Seifenkraut in den Isarauen

M ünchen dürfte die einzige Millionenstadt der Welt sein, die man zentral mit dem Rad passieren kann, ohne auch nur ein einziges Mal von einer Ampelkreuzung oder vom Autoverkehr gestoppt zu werden. Möglich macht dies das Isartal, das die Stadt quasi in zwei Hälften teilt. Der Radweg verläuft im unverbauten Tal von Süd nach Nord durch sämtliche Stadtbrücken hindurch.

Zentraler Ausgangspunkt ist die Ludwigsbrücke am Deutschen Museum. Der durchgehend beschilderte Radweg führt am Ostufer der Isar durch Maximilians-, Prinzregenten- und Max-Joseph-Brücke aus dem Stadtgebiet heraus. Dabei steuert man durch schattige Parkanlagen und die begrünten Flussauen stets in nördliche Richtung. Bei Oberföhring folgt ein kurzes Ausweichen in Siedlungsgebiet, dann geht es weiter in das Freizeit- und Erholungsgebiet am

Aktivität	Radtour
Fahrzeit	3 Stunden
Strecke	40 km

Route — Deutsches Museum (München) – Oberföhring – Ismaning – Freising

Anfahrt

ÖVM — Mit der S-Bahn zum Isartorplatz und auf der Zweibrückenstraße zur Ludwigsbrücke, Rückfahrt vom Freisinger Bahnhof mit der S1 nach München

Auto — Mit dem Auto Parkmöglichkeit in der Zeppelinstraße

Charakter — Die Route führt weitgehend eben durch Parkanlagen und die bewaldete Auenlandschaft der Isar. Nur in Ismaning und Freising ist mit etwas Verkehr zu rechnen.

Wegweiser — Radschilder nach Freising und zum *Gasthof zur Mühle*

Tipp — Kallmann-Museum, Orangerie, Schlossstraße 3b, Ismaning, Tel. 089-61 29 48, Di–So 14.30–17 Uhr, Eintritt 2 €, Kinder 1 €. www.kallmann-museum.de

Karte — ADFC-RK München Mittlere Isar, 1:75.000

 Der Radweg im Isartal eignet sich auch zum Wandern, etwa von Unterföhring nach Ismaning (8 km). Vom Bahnhof erreicht man den Unterföhringer See auf Bahnhof- und Kanalstraße sowie auf dem Dammweg des mittleren Isarkanals. Von dort geht es identisch zur Radroute zum *Gasthof Zur Mühle* und über den Kirchplatz auf der Aschheimer Straße zum S-Bahnhof.

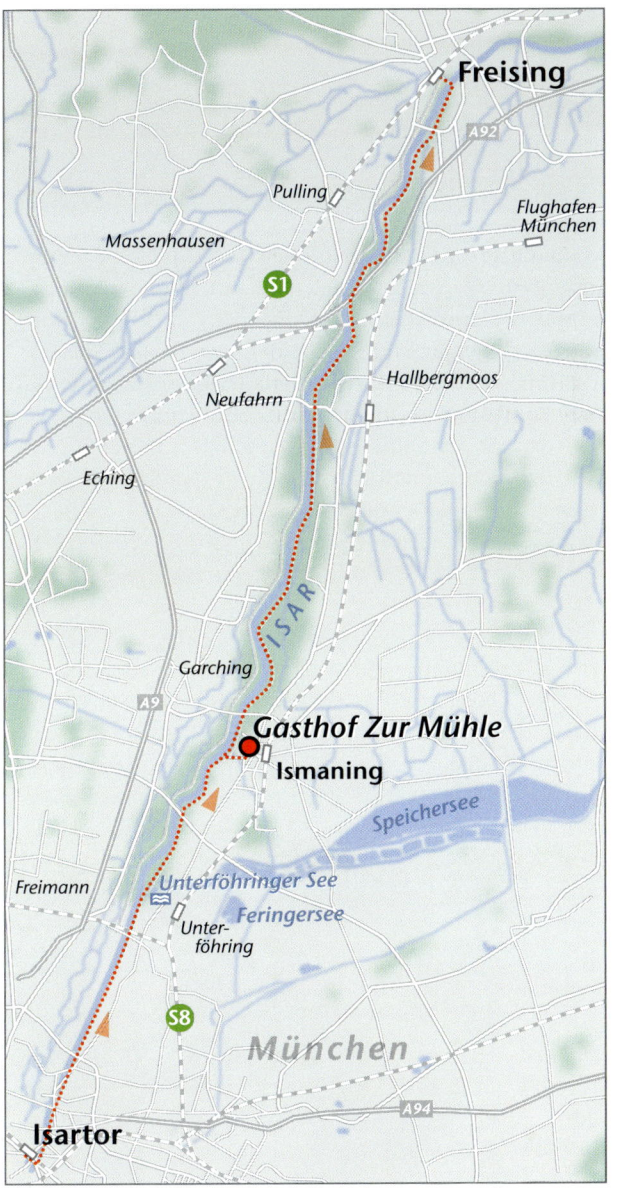

Aktivität: Radtour, Wanderung | Gastronomie: bayerische, internationale Schmankerlküche

Der Unterföhriger See lädt zu einer Badepause ein.

Unterföhringer See. Es folgt ein etwa fünf Kilometer langer Abschnitt im Isartal bis Ismaning.

Der Abzweig vom Isartal zum *Gasthof Zur Mühle* ist beschildert. Wir erreichen die beliebte Einkehr nach Passieren des historischen Schlossparks. Dort kann man im Kallmann-Museum Werke des Malers Jürgen Kallmann bewundern, der neben Porträts auch dynamische Tier- und Landschaftsbilder geschaffen hat. An der Kasse stimmt das Buch „Ismaninger Kraut" mit Krautrezepten auf den bevorstehenden Schlemmergenuss in der *Mühle* ein, die nur wenige Meter südwärts erreicht wird.

Genuss für Leib und Seele

Sommer am Gasthof Zur Mühle: Marquisen bieten Schatten auf der Südterrasse.

Der *Gasthof Zur Mühle* ist seit 1857 in Familienbesitz. Als der Urgroßvater eine Schweizer Köchin evangelischen Glaubens heiratete, kam das seinerzeit im erzkatholischen Bayern einem Skandal gleich. Doch der gesellige Charakter des Hausherrn und die Kochkunst seiner Frau sprachen sich rasch herum, sodass sonntags nach der Kirche immer mehr Leute in die Stube strömten. Die Gastronomie in der *Mühle* nahm ihren Lauf.

Mühlenteller – Medaillons von Putenbrust, Schweine- und Rinderfilet mit Weinbrand-Sahnesoße und Gemüse vom Markt

Das Paradestück der *Mühle* ist ihr wunderschöner Biergarten unter alten Kastanien

am Seebach, an heißen Sommertagen herrscht hier reger Andrang. Sehr beliebt unter den Sommergästen ist der feine „Obazda", der nur mit Brie und Camembert ohne Rahm angerührt wird. Bei kühler Witterung nehmen die Gäste in den rustikal-bayerischen Innenräumen Platz und genießen die regionale und internationale Küche. Nachdem Ismaning für sein gutes Kraut bekannt ist, darf das Gemüse natürlich auch auf der Speisekarte nicht fehlen: Der würzige Speckkrautsalat und der Sauerkrautstrudel als Beilage von Reindlbraten mit Zwiebeljus sind nur zwei Beispiele hierfür.

Dass Kraut in der Gunst der Ismaninger ziemlich weit oben steht, ist historisch begründet. Denn früher bestand der Ort im Wesentlichen aus dem Schloss und den umliegenden Feldern, auf denen das Kraut angebaut wurde. Auch Herr Seidl senior von der *Mühle* arbeitete früher noch in der Landwirtschaft. Noch heute findet man vereinzelt Wegweiser zu Krauthöfen, und auch der in diesem Buch vorgestellte *Schweizer Wirt* in Arzbach bezieht sein Kraut aus Ismaning. Adel und Kraut gehören hier zusammen wie das frische Gemüse vom Markt und der Kalbsbraten „Burgfrauen Art", der im *Gasthof Zur Mühle* serviert wird.

Nach der Einkehr fährt man am Schloss vorbei in das Isartal zurück und folgt der beschilderten Route nach Freising.

Inhaber Küchenchef	Familie Seidl Frank Rohleder
Adresse	Kirchplatz 5 85737 Ismaning
Telefon	089-96 09 30
E-Mail	info@hotel-muehle.de
Web	www.hotel-muehle.de
geöffnet	täglich 10–0 Uhr
Übernachtung	Zimmer im angrenzenden Hotel (Schwimmbad, Sauna, Dampfbäder, Whirlpools, Solarium)
Schmankerltipp	Tafelspitzbrühe mit verschiedenen Einlagen (4,20 €), Mühlenteller – Medaillons von Putenbrust, Schweine- und Rinderfilet mit Weinbrand-Sahnesoße, sautierten Egerlingen, Gemüse vom Markt und Dauphiné-Kartoffeln (16,80 €), gemischter Dessertteller Mühle (7,50 €)

Aktivität: Wanderung | Gastronomie: Fischspezialitäten, orientalische Küche

Im Schein der Wunderlampe

Wanderung zwischen Wasserburg und Attel

Wie ein Hufeisen schmiegt sich der Inn um die Altstadt von Wasserburg. An seiner engsten Stelle wurde im Mittelalter die Innbrücke errichtet, um den Zugang zur Stadt das ganze Jahr über zu gewährleisten. Von der Brücke zeigt sich die sehenswerte Innfront mit dem mächtigen Brucktor und der Burgfassade im Hintergrund. Flussaufwärts taucht hinter der Kapuzinerinsel das Innwerk auf. Mit der Burg und dem Stauwehr sind bereits zwei wichtige Orientierungspunkte für die gut sieben Kilometer lange Wanderung nach Attel genannt. Dort krönen wir den schönen Ausflug mit einem hervorragenden Essen im gemütlichen *Fischerstüberl*.

Wechselvolle Stimmungen am Innufer

Fotogener Anblick der Wasserburger Altstadt von der Innbrücke

Auf dem Weg nach Attel wandert man durch die Innauen.

V on der Innbrücke wandern wir durch das Brucktor in die Altstadt und steigen links auf der Schmidzeile zur Burg empor. Gegenüber der Pfarrkirche St. Jakob zweigt an einem kleinen Park links der Treppensteig zum Innufer ab. Dort quert man auf schmalem Pfad unterhalb der eindrucksvollen Burgmauer hindurch südwärts. Am Wegesrand reifen im Sommer Mirabellen und Himbeeren heran. Weiter südlich ist das 1986 stillgelegte Gleis der Bahn-

	Aktivität	Wanderung
	Gehzeit	3 Stunden

Route	Wasserburg – Attel – Wasserburg
Anfahrt	
ÖVM	Mit der Bahn von München zum Bahnhof Wasserburg im Ortsteil Reitmehring; von hier verkehrt die RVO-Buslinie 9418 bis in die Altstadt Wasserburgs.
Auto	Autofahrer steuern von München auf der B 304 über Ebersberg nach Wasserburg (gebühren-freier Parkplatz südlich der Inn-brücke in der Kellerstraße).
Charakter	Abwechslungsreicher, jedoch wenig gepflegter Wanderweg inmitten der vogelreichen Fluss-landschaft des Inns. Nach Regenperioden ist die Route nicht zu empfehlen (Hoch-wassergefahr).
Wegweiser	Innfront Staustufe (an der Burg), später sind Attel und Wasserburg beschildert.
Karte	Mitterhuber GmbH, Wasserburg
Tipp	Direkt hinter dem *Fischerstüberl* führt ein Treppensteig zur Burg und zum Kloster Attel. Von hier kann man auch mit dem RVO-Bus 9416 nach Wasserburg zurückfahren.

trasse fast vollständig von Gestrüpp überwuchert. Das Hochwasser hatte der Bahnlinie mehrmals zu schaffen gemacht, weshalb man beschloss, den Bahnhof von Wasserburg nach Edling zu verlegen. Obwohl das Frühwarnsystem bezüglich eines drohenden Hoch-wassers heutzutage gut funktioniert, ist die Altstadt während der

Aktivität: Wanderung | Gastronomie: Fischspezialitäten, orientalische Küche

Inhaber	Petra und Robert Fischer
Küchenchef	Robert Fischer

Adresse	Attel-Elend 1 83512 Wasserburg
Telefon	08071-2598
Web	www.fischerstueberl-attel.de www.wunderlampe-attel.de
geöffnet	täglich außer Di 9.30–0 Uhr; *Wunderlampe* täglich außer Mo 18–1 Uhr
Übernachtung	6 individuelle Zimmer und 2 Appartements
Schmankerltipp	Bayerische Festtagssuppe (3,80 €), frische Forelle aus der eigenen Zucht, z.B. als Filet in Zitronen- butter gebraten mit Peter- silienkartoffeln und Blatt- salat (13,90 €), haus- gemachtes Haselnussparfait (5,90 €), orientalische Küche in der *Wunderlampe*

Schneeschmelze und nach starken Regenfällen nach wie vor gefährdet. Erreicht der Wasserpegel über vier Meter, schrillen die ersten Alarmglocken: Uferstraßen werden gesperrt und unser Wanderweg nach Attel geht auf Tauchstation; bei knapp acht Metern schwappt das Innwasser gar in die Altstadt. Wenn der Fluss nicht extremes Hochwasser führt, kann das Innwerk durch Schließen einzelner Schleusen den Wasserstrom noch regulieren. Hinter dem Innwerk wird der Flusslauf immer breiter und scheint im Wehrbereich gar zu einem Stausee zu mutieren.

Der Wanderweg verabschiedet sich vom Hauptfluss und taucht in Nähe eines schilfumsäumten Seitenarms des Inns in die üppige Botanik des Flusstals ein. Nach Passieren eines kleinen Waldstücks kann man wahlweise auf dem Inndamm oder parallel dazu auf dem Fahrweg weiterwandern. Unterhalb des Ortes Attel mündet der gleichnamige Fluss in den Inn. Nach einer Wegbiegung stehen wir unmittelbar vor dem *Gasthof Fischerstüberl*.

Speisen in stilvollem Ambiente

Bereits mit dem Eintreten fühlt der Gast die Wohlfühlatmosphäre, die das *Fischerstüberl* zu jeder Tageszeit ausstrahlt. Das Personal ist freundlich und zuvorkommend, die Räume gemütlich und einladend, dazu kann man zwischen verschiedenen Sitznischen wählen. Die Chefin des Hauses, Petra Fischer, die seit 21 Jahren am Erfolg des *Fischerstüberls* mitwirkt, schafft durch ihre sympathische und unaufdringliche Art auf Anhieb Vertrauen. Dazu passt die dezent mit Perlen und einer Rose versehene Tischdekoration.

In diesem angenehmen Ambiente wird auch das Essen höheren Ansprüchen gerecht. Als Vorspeise ließen wir uns die Atteler Fest-

Das Fischerstüberl *mit erweitertem Gastgarten*

Buddhagemüse mit kleinen Garnelen im Tempurateig

Verschiedene Gemüse, z.B. Zucchini, Karotten, Zwiebeln und Paprika in etwa 5 mm große Würfel schneiden und in einer Pfanne mit flüssiger Butter bedeckt wenige Minuten garen. Dann die Butter gut abschütten. Mit Gemüsebrühe dauert es etwas länger. Zu dem Gemüse halb Sojasoße und halb Gemüsebrühe geben und einkochen lassen. Mit etwas Curry abschmecken, evtl. Ananassaft und Sambal Olek.

Wichtig für den Tempurateig ist das eiskalte Wasser und die rasche Zubereitung. Reismehl (zur Not kann man auch Weizenmehl mit etwas Stärke mischen) mit einer Prise Salz und ganz wenig Backpulver mit dem eiskalten Wasser anrühren. Darunter zieht man zwei Eigelb. Der Teig muss nicht ganz glatt sein (wird leicht zäh).

Die kleinen Garnelen ganz durch den Teig ziehen und in Öl goldbraun ausbacken. Den Teig z.B. mit Safran, Ingwer oder Kokosflocken würzen.

tagssuppe – eine Kraftbrühe mit dreierlei Einlagen – schmecken. Da die Küche köstliche Fischgerichte zubereitet, probierten wir anschließend das frische Zanderfilet auf Petersilienrahm mit glaciertem Lauch und Schwammerl, als Beilage gab es ein bissfestes Berner Speckrösti. Und am Ende blieb noch Platz für eine köstliche Mandarinentorte, serviert mit einem cremigen Cappuccino.

„Gute Küche ist ehrlich, aufrichtig und einfach" – diesen Grundsatz des Hauses können wir besten Gewissens bestätigen. Sich zum Essen Zeit zu nehmen ist hier eine Selbstverständlichkeit. Erst recht

im Schein der *Wunderlampe* im ersten Stock, die jedoch erst abends die acht kleinen Tische beleuchtet. Wer hier zum ersten Mal in diese kleine orientalische Welt eintaucht, ist ob der vielen zauberhaften Details überrascht; es würde kaum verwundern, wenn auf einmal ein fliegender Teppich

Die orientalische Wunderlampe *leuchtet dezent im ersten Stock des Gasthofs Fischerstüberl.*

am Fenster vorbeischweben würde. Die Karte mit Speisen aus der orientalischen Küche ist in einer Schatztruhe verwahrt und lässt keine Wünsche offen. Zu Beginn des Mahls werden stilvoll heiße Tücher zum Reinigen der Hände gereicht. Der Raum ist ganz nach dem Gusto der Chefin mit orientalisch anmutenden Wandfließen und Accessoires eingerichtet. Zu dumm nur, dass wir mittags zum Essen aufgekreuzt waren. Doch die *Wunderlampe* ist ein Grund mehr, noch einmal beim *Fischerstüberl* vorbeizuschauen.

Stammtischtreff mit Silberbesteck

Radrundtour zwischen Inn und Mangfall

Wenn man die dunkle, urige Stube außerhalb der zentralen Essenszeiten betritt, sind die meisten Tische noch nicht belegt. Nur am Stammtisch rührt sich einiges, da sitzen die Herrschaften aus der Nachbarschaft und schwadronieren über Gott und die Welt. Mit von der Partie ist häufig Josef Kalteis senior, Chef des Hauses, ein sympathischer und zurückhaltender Charakter, der die Geschicke des Hauses gerne dem Junior Peppi überlässt. So gesehen leistet das *Landhaus Kalteis* einen aktiven Beitrag gegen das verbreitete Aussterben der Stammtische, erhält mit dem klassischen Treff beim Wirt quasi ein Stück bayerische Lebenskultur. Doch das Haus zeigt sich noch von einer ganz anderen, weniger traditionellen Seite: Im Salettl findet der Gast gehobenen Standard mit Silberbesteck vor.

Landschafts-impression am Inndamm

Die Zwei-Flüsse-Tour

Diese pikante Mischung aus urgemütlicher Stammtischromantik und modernem Gourmetanstrich sucht im Landkreis Rosenheim seinesgleichen. Und nachdem sich das *Landhaus Kalteis* als radfreundliche Einkehr outet, spricht nichts gegen eine kombinierte Rad- und Schlemmer-Tour im Hinterland von Rosenheim. Idealer Ausgangsort ist der Rosenheimer Bahnhof, von dem man die Münchener Gießereistraße ostwärts rollt und ab der Kreuzung von den Radwegweisern rasch zum Inn geleitet wird. Die folgenden 18 Kilometer geht es flussabwärts meist direkt am Strom entlang, der in

diesem Bereich eher träge vor sich hin fließt. An der ersten Straßen-
brücke hält man sich links, überquert die Bundesstraße B 15 und
steuert Richtung Zellerreit zum Bahngleis. Hinter der Unterführung
verlässt man beim Sägewerk Eich das Inntal auf einer kleinen Teerstraße und fährt über Unterlohen und Meiling nach Rott am Inn.
Von dort geht es durch den Rotter Forst nach Dettendorf und in
kurvenreicher Fahrt zum *Kalteis* in Ostermünchen.

Bodenständige und moderne Küche

Im Sommer trifft man sich im schattigen Biergarten hinter dem
Haus und verzehrt je nach Appetit einen Zwiebelrostbraten von der
Ochsenlende, eine Rinderroulade oder den klassischen Schweine-
braten. Es gibt aber auch ein gewisses Klientel, das von der gehobenen
Speisekarte im Salettl mitbekommen hat und sich zum Beispiel ein
5-Gänge-Menü für 36 Euro mit Rehrücken in Pilzmantel als Haupt-

	Aktivität	Radtour
	Fahrzeit	4 Stunden
	Strecke	57 km
	Höhenmeter	150

Route	Rosenheim – Katzbach – Rott am Inn – Ostermünchen – Tuntenhauen – Bad Aibling – Rosenheim

Anfahrt

ÖVM	Sehr gute Zugverbindung von München bis Rosenheim Bahnhof; eine Nebenstrecke führt auch über Ostermünchen, sodass der Radler die Tour nach der Einkehr bei Bedarf abbrechen kann.
Auto	A8 Richtung Salzburg Ausfahrt Rosenheim.
Charakter	Knapp die Hälfte der gesamten Route verläuft flach und genuss-voll am Flussufer von Inn und Mangfall. Der Abschnitt zwischen Inntal und Bad Aibling ist dann anspruchsvoller, er führt meist über freie Wiesen und Felder, selten durch Wald hügelig in Richtung Mangfalltal.
Wegweiser	Inn-Radweg, *Von Baum zu Baum*, Mangfall-Radweg
Karte	ADFC-RK München/ Alpenvorland

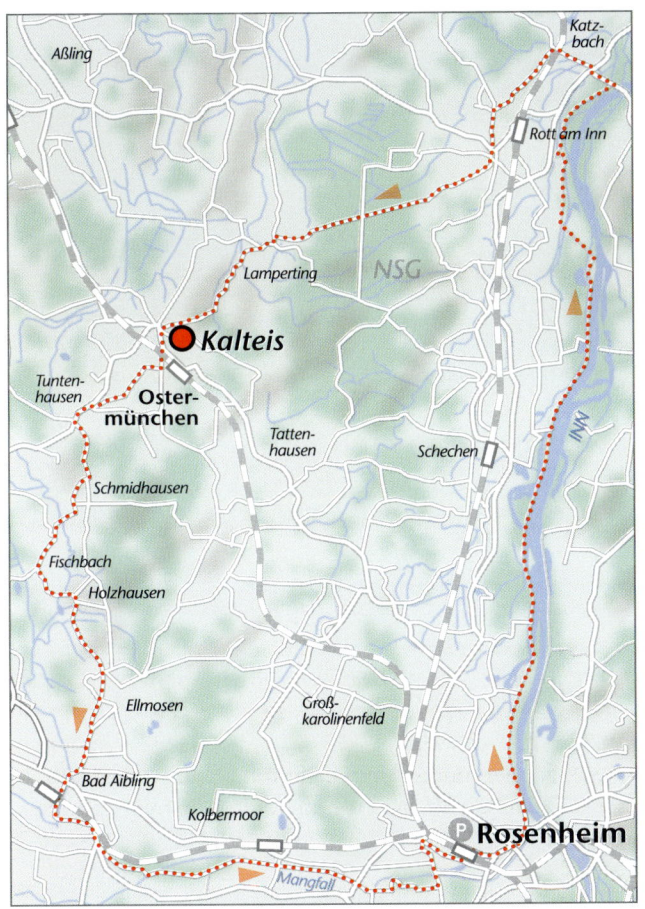

Heiligenfigur in der Wallfahrtskirche Mariä Himmelfahrt in Tuntenhausen

| Aktivität: Radtour | Gastronomie: bodenständige und moderne Küche |

| Inhaber | Josef Kalteis sen. |
| Küchenchef | Peppi Kalteis |

Peppi Kalteis mit Sohn Rufus

Adresse	Rotter Straße 2
	83104 Ostermünchen
Telefon	08067-90800
E-Mail	peppi@peppi-kalteis.de
Web	www.peppi-kalteis.de
geöffnet	Mi–So 11–14
	und 18–22 Uhr,
	Salettl Mi–So ab 18 Uhr
Schmankerltipp	Tomaten-Basilikumsupperl
	mit Croûtons (4,20 €),
	Lammhaxerl aus dem
	Schmortopf mit Kräuter-
	gemüse und Rosmarin-
	kartoffeln (14,80 €),
	Crème brûlée mit Früchte-
	ragout und Rahmeis (6 €)

gang gönnt. Die Typen in Radler- oder Reithose im Biergarten treffen also auf die fein herausgeputzte Gesellschaft im Salettl, optisch getrennt nur von einer Glasfront, die selbst im Sommer geschlossen bleibt. Doch dieser durchaus amüsante Anblick ist an diesem Ort bestimmt kein Widerspruch.

Das Gourmetmenü kann man sowohl im modern eingerichteten Salettl als auch in der gemütlichen Stube zu sich nehmen. Dort servierte uns die aufgeschlossene Marianne, die aus dem benachbarten Ostermünchen stammt, ein dreigängiges Menü. Nach dem Tomaten-Basilikumsupperl genossen wir den Pangasiusfisch in dunklem Tartufoschaum auf Landgemüse sowie das Lammhaxerl aus dem Schmortopf; das sehr feine Lamm war regionaler Herkunft, die köstliche Soße schmeckte dezent nach Kräutern. Die Ananastarte und die Crème brûlée mit Früchteragout setzten dem Schlemmererlebnis die Krone auf.

Schlussetappe nach Rosenheim

Das Landhaus Kalteis, auch unter Gasthaus zur Post bekannt, ist inzwischen gelb gestrichen.

Nach der Einkehr ist es noch ein Stück weit bis Rosenheim, aber es geht tendenziell bergab. Nach kurzer Abfahrt Richtung Tattenhausen quert man rechts nach Berg und Tuntenhausen. Dort führt die Pfarrer-Lampl-Straße zur Wallfahrtskirche Mariä Himmelfahrt, in der sich ein reich geschmückter Rokokoaltar mit Gnadenbild befindet. Nach der Abfahrt von der Kirche hält man sich links und steuert über Schmidhausen, Jakobsberg, Fischbach und Holzhausen mit Blick auf den klotzigen Wendelstein südwärts auf der Hauptstraße nach Bad Aibling. Im Ort rollt man zur Kurverwaltung und quert durch den Kurpark zur Rosenheimer Straße; kurz darauf wird die Mangfall erreicht. Nach entspannter Fahrt am Flussufer erreicht man über Am Gries sowie Münchener Straße und Münchener Gießereistraße den Rosenheimer Bahnhof.

Gourmetlokale

Magier der Kochkunst

Wanderung bei Rottach-Egern

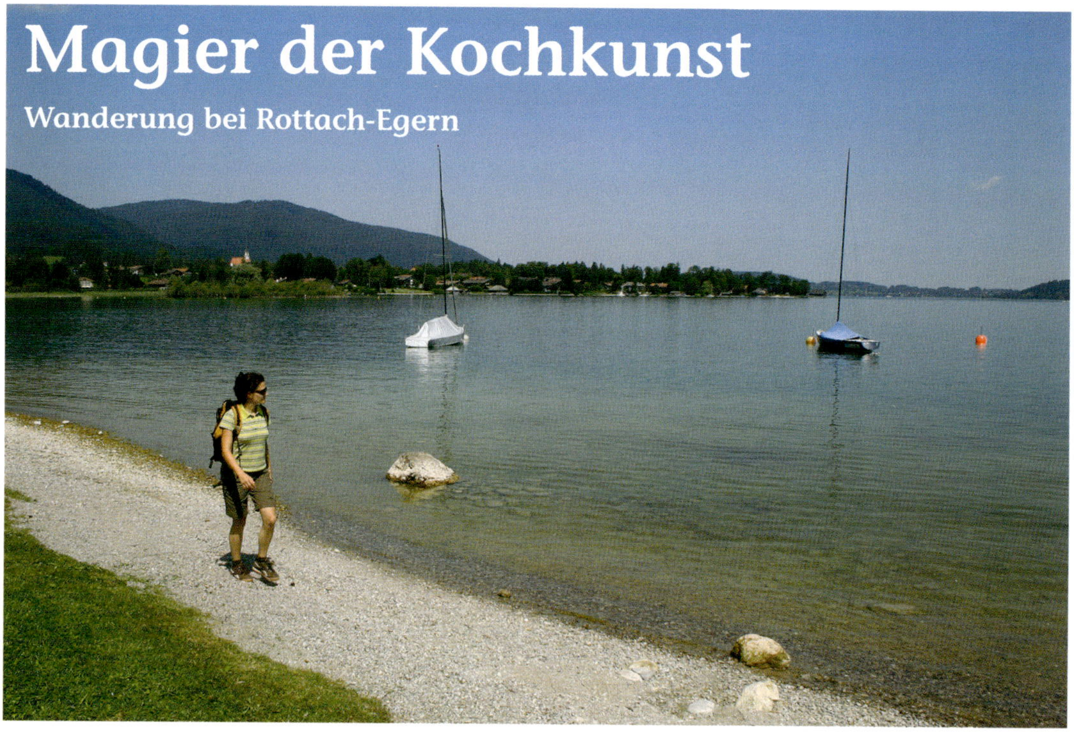

Vorzüglich, diese Küche. Fehlt eigentlich nur noch, dass Sternekoch Dieter Maiwert Gerichte wie getrocknete Milch mit Pfefferblüten serviert, die die Lippen elektrisch zucken lassen. Oder als Dessert mit flüssigem Stickstoff gefüllten Fruchtschaum, aus dem Aromen explodieren. So wie sein berühmter spanischer Kollege Ferran Adria im Restaurant *El Bulli* an der Costa Brava, der sein experimentierfreudiges Küchenteam einst gar um zwei Chemiker erweiterte. Doch wer weiß, vielleicht lässt Dieter Maiwert als ausgebildeter Chemiker ja auch mal das ein oder andere Schmankerl explodieren oder implodieren ...

Wanderung rund um Rottach-Egern

Sinfonie in Blau am Tegernseeufer auf dem Weg Richtung Rottach-Egerner Zentrum

In unserer ersten Buchauflage 2005 „experimentierte" der bekannte Sternekoch noch im *Sonnenbichl*, inzwischen hat er unmittelbar am Tegernseeufer *Maiwerts Fährhütte* gegründet. Warum der rasche Ortswechsel? „Der Arzt hat mir Seeklima statt Bergluft verschrieben", witzelt Dieter Maiwert. Da seine Küche auch ohne chemische Experimente umwerfend gut ist, folgen wir ihm mit seiner großen Fangemeinde – die er seit seiner zehnjährigen Koch-karriere im Wolfratshausener *Patrizierhof* zweifelsfrei hat – gerne die wenigen Kilometer von Bad Wiessee nach Rottach-Egern. Die Ein-kehr liegt idyllisch auf einer kleinen Landzunge an jener Stelle, wo

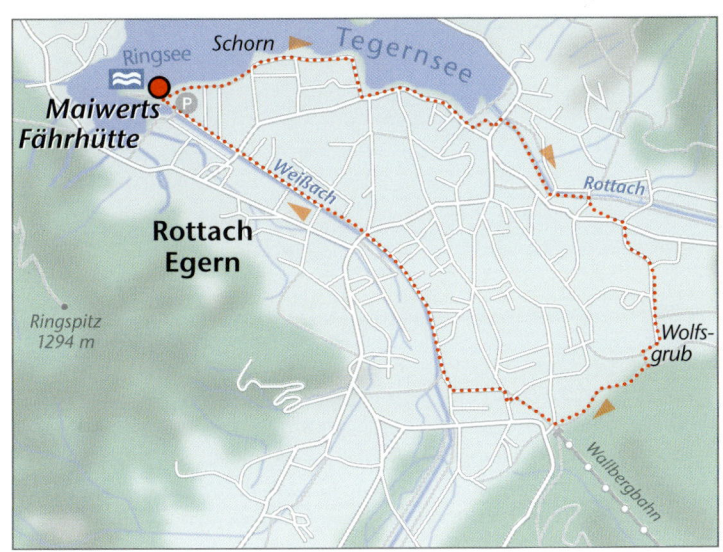

	Aktivität	Wanderung
	Gehzeit	2,5 Stunden
	Strecke	10 km

Route	Schorn – Rottach-Egern (Zentrum) – Wolfsgrub – Wallbergbahn – Weißach – Schorn
Anfahrt	
ÖVM	BOB von München nach Tegernsee, Anschluss RVO-Bus nach Rottach-Egern
Auto	A 8 Ausfahrt Holzkirchen, B 318 über Bad Wiessee nach Rottach-Egern, Parkplatz am Weißachdamm (Wegweiser *Maiwerts Fährhütte*)
Charakter	Die einfache Rundwanderung verläuft überwiegend am Ufer von Tegernsee, Rottach und Weißach. Eine kleinere Steigung ist lediglich beim Abstecher zur Wallbergbahn zu bewältigen. Bekieste Fußwege und kleine Teerstraßen wechseln sich ab.
Karte	Kompass-WK 8 Tegernsee, 1:50.000

sich der Tegernsee an der Weißachmündung von seiner entlegensten Seite zeigt.

Einige hundert Meter weiter südlich beginnt unsere Rundtour unmittelbar am Parkplatz. Der erste Teil der Wanderung verläuft stets am Südufer des Tegernsees: Der Schorner Strandweg führt an schönen Badestellen vorbei nach Schorn, die Ganghoferstraße zum Kiesweg an der Seestraße und dieser in das Zentrum von Rottach-Egern. Mit Erreichen der Nördlichen Hauptstraße geht es links am Kur- und Kongress-Saal vorbei zur Rottachbrücke, von der der Rottach-Dammweg aus dem Ort heraus führt. An der zweiten Bachbrücke halten wir uns rechts und gelangen auf dem Hafelbachweg zur Valepper Straße; hier ein kurzes Stück nach links, dann wandern wir auf der Wolfsgrubstraße stets geradeaus, bevor am Straßenende der Wanderweg zur Wallbergbahn beginnt. Hinter dem Alpenwildpark folgen wir dem

In Rottach kann man auch in den Ausflugdampfer umsteigen.

Wegweiser in Richtung *Gasthof Glasl* und erreichen auf Kapellenweg und Hofbauernstraße das Weißachufer. Auf dem Weißachdamm gelangen wir wieder zum Ausgangsort.

Gourmetlokal mit Biergarten

Aus der Seeperspektive erkennt man die privilegierte Lage von Maiwerts Fährhütte.

Maiwerts Fährhütte ist nur auf dem breiten Kiesweg zu erreichen, alternativ müsste man den Seeweg nehmen. Bei schönem Wetter sitzt man auf der Terrasse leicht erhöht direkt am Wasser und genießt neben dem feinen Essen den privilegierten Blick. Dass die Nähe zum Wasser nicht nur Vorteile hat, erlebte Dieter Maiwert Ende August 2005, als infolge anhaltenden Starkregens in der Fährhütte „Land unter" herrschte. Bis zu 40 Zentimeter stand das Wasser im Restaurant, auf diese Art von Taufe hätte das eingespielte Team von Dieter Maiwert so kurz nach der offiziellen Eröffnung gut verzichten können.

Dem Erfolg der *Fährhütte* wirkte diese Flut jedoch keineswegs entgegen. Wer sich heute vor allem während der Hochsaison abends einen der elf Tische im Gourmetlokal sichern will, muss einige Tage im Voraus reservieren. Der Genuss eines Gourmetmenüs aus Maiwerts Küche wird unvergessen bleiben: Das Dreierlei vom Thunfisch zergeht ebenso auf der Zunge wie Tatare und Carpacchio; sehr fein schmecken auch Störfilet in Champagnersoße mit Kaviar und Tomatenessenz mit Ricottatortellini; dazwischen immer wieder ein Tropfen edlen Weines, der den Festschmaus geschmacklich abrundet; beim Rehrücken in Birnen-Wacholdersoße mit Steinpilztaschen läuft einem schon beim Anblick das Wasser im Mund zusammen; und dass beim bunten Dessertteller aus gebrannter Rosmarincreme, Mangosorbet, Joghurtterrine, Choco-Mousse und Fruchtstückchen die Lust am Essen immer noch vorhanden ist, spricht für die Leichtigkeit und Bekömmlichkeit der Küche.

Hummerterrine in Mango-Parmaschinkenmantel und gebrannte Rosmarincreme

Die Tafel ist gedeckt. Fehlen nur noch die Gäste ...

Mittags haben spontane Gäste größere Chancen, einen Platz zu bekommen. Die Speisekarte ist dann nicht ganz so erlesen, bietet

| Aktivität: Wanderung | Gastronomie: gehoben, abends Gourmet |

aber ebenfalls sehr schmackhafte und leichte Kost. Vis-à-vis der *Fährhütte* gibt es seit Sommer 2006 auch einen kleinen Biergarten und ein Seebad für maximal 50 Gäste: Letzteres kostet zwar Eintritt, offeriert aber neben Sonnenliege, Handtuch und Teakholztischchen auch eine sehr gepflegte Liegewiese.

Dieter Maiwert hat sich am Tegernsee sein kleines Paradies geschaffen. Dass er mit dem Umzug seinen Stern verloren hat, nimmt er für die Verwirklichung seiner Ideen gerne in Kauf. Es scheint ohne-

hin nur eine Frage der Zeit, bis er ihn sich wieder zurückerobert. Hauptsache ist, dass er sich seinen eigenen Humor bewahrt. Die köstliche Eigenschaft, durchaus in ernster Tonlage das ein oder andere Alltagsthema zu erörtern, um dann urplötzlich an passender Stelle in schallendes Gelächter zu verfallen. Dieses impulsive Gelächter begleitet den Gegenüber während des gesamten Gesprächs, und irgendwie wird man den Gedanken nicht los, dass man bei dieser Stimmungskanone wohl nie vor einer Überraschung sicher ist. Also doch Fruchtschaum, aus dem Aromen explodieren?

Inhaber und Küchenchef	Dieter Maiwert
Adresse	Ringseebad 1 83700 Rottach-Egern
Telefon	0 80 22 - 18 82 20
E-Mail	info@faehrhuette.de
Web	www.faehrhuette.de
geöffnet	Küche 12–14.30 und 18.30–22 Uhr, Kaffee und Kuchen 14.30–17 Uhr, Biergarten bei schönem Wetter ab 11 Uhr (Mai bis Okt.), Mo Ruhetag (Okt. bis April auch Di)
Schmankerltipp	geschmorte Ochsenbackerl in Rotweinsoße mit Serviettenknödel (Mittagskarte, 14,80 €), Lachs-Lottecarpaccio mit Limonenvinaigrette (14,50 €), Lammcrépinette mit provenzalischer Gemüsepolenta und gefüllter Zucchiniblüte (29 €), Cointreau-Parfait auf Rhabarberkompott mit Erdbeeren (10,50 €)

Dreierlei von der Jakobsmuschel

Zutaten: 12 große Jakobsmuscheln (von Fuß und Sehne befreit), 1 Limone, Limonenöl, Sesam-Chili-Öl, Salz, Pfeffer, Mehl und Fett zum Braten

Zubereitung:
Tartar: 4 Jakobsmuscheln fein hacken, salzen und mit ein wenig Sesam-Chili-Öl sowie etwas Limonensaft abschmecken. Unter Zuhilfenahme zweier Suppenlöffel Nocken formen.
Carpaccio: 4 Jakobsmuscheln mit einem Filetiermesser so dünn wie möglich in Scheiben schneiden, auf die Teller platzieren, salzen, pfeffern und mit Limonenöl beträufeln.
Gebratene Jackobsmuscheln: 4 Jakobsmuscheln salzen und mehlen. Bei höherer Hitze beidseitig schnell anbraten und 2 Min. ruhen lassen. Die Teller mit Salatbouquet garnieren und alles anrichten.

Wo Essen zum Vergnügen wird

Radtour von Schäftlarn nach Bad Tölz

Auf ihrer Website präsentieren die Wirtsleute Aissatou Dramé und Florian Lechner ihren *Moarwirt* als gewagten Brückenschlag zwischen altbayerischer Tradition und moderner Gastronomie. Eine zutreffende Interpretation, denn die Gastgeber vermischen in der Tat in Küche und Service unterschiedliche Kulturen. Zwar schlagen sich die senegalischen Wurzeln von Aissatou Dramé nicht im fantasievoll zubereiteten Essen nieder – selbst die exotisch klingende Tonkabohne, die dem gebrannten Creme-Dessert neben leichtem Vanillegeschmack einen Hauch von Chanelduft verleiht, stammt nicht aus Afrika. Doch internationales Flair breitet sich inmitten der urbayerischen Gemütlichkeit in Biergarten und der gemütlichen Kaminstube dennoch aus. Nach fünf Jahren in der Luzerner Hotelfachschule und der Zwischenstation im Münchener *Wirtshaus in der Au* traute sich die junge Aissatou die Chefrolle im *Moarwirt* zu. Zusammen mit ihrem Partner und Küchenchef Florian Lechner sorgt sie seit wenigen Jahren mit viel Hingabe und Charme für das Wohl ihrer Gäste.

![Kurz vor Hechenberg zeigt sich das Tölzer Land von seiner schönsten Seite.]()

Kurz vor Hechenberg zeigt sich das Tölzer Land von seiner schönsten Seite.

Radparadies mit Schlemmermenü

W er sich wohlbehütet fühlt, kommt bestimmt wieder. Mundpropaganda heißt das Zauberwort für steigende Gästezahlen. Im Gästebuch der hauseigenen Website etwa schwärmte Barry Henze nach der Teilnahme am Kochkurs von einem „Erlebnis der Superlative". Auch seine Gäste, die er sich zum speziellen Menüerlebnis lud, waren „von der wirklich hohen Qualität absolut begeistert".

Die Kombination aus hervorragendem Essen und großartiger, noch dazu abgelegener Natur kommt zunehmend auch bei den Radlern gut an. Wer von München den *Isarradweg* Richtung Wolfratshausen und Bad Tölz entlang fährt, freut sich über die landschaftliche Abwechslung im Dietramszeller Hügelland. In Puppling bietet sich die Gelegenheit, das Isartal Richtung Ascholding zu verlassen. Am Harmatinger Weiher vorbei führt die nun anspruchsvolle Strecke über die Orte Harmating, Humbach, Thankirchen und Untermühltal auf die Landstraße nach Bad Tölz. Nach zwei Kilometern zweigt die beschilderte kleine Teerstraße zum *Moarwirt* in Hechendorf ab und lässt während der letzten Steigung im Sommer die Vorfreude auf ein kühles Bier in die Höhe schnellen. Grandios ist vom Biergarten der Blick über das Tölzer Land auf die Tegernseer und Lenggrieser Berge.

Am Wochenende bietet der *Moarwirt* günstige Gerichte an, damit die Einkehr nicht am zu kleinen

Aktivität	Radtour
Fahrzeit	3 Stunden
Strecke	44 km
Höhenmeter	250
Route	Schäftlarn – Puppling – Ascholding – Humbach – Hechenberg – Ellbach – Bad Tölz
Anfahrt	
ÖVM	S 7 Richtung Wolfratshausen Bahnhof Hohenschäftlarn, Rückfahrt mit der BOB von Bad Tölz nach München
Auto	Mit dem Auto ist diese Streckentour nicht sinnvoll; alternativ parkt man direkt in Hechenberg und erkundet das radfreundliche Gelände in einer Rundtour um den Kirchsee und Dietramszell.
Charakter	Nach schneller Abfahrt von Schäftlarn in das Isartal folgt eine gemütliche Flachetappe durch die Pupplinger Au. Das Streckenprofil zwischen Ascholding und Bad Tölz ist hingegen recht hügelig und erfordert bei mehreren kleinen Anstiegen etwas Kondition.
Wegweiser	Die Pupplinger Au und Ascholding sind beschildert, im Tölzer Land folgt man teils den Straßen- und zuletzt den Radschildern nach Bad Tölz.
Karte	ADFC-RK München/ Alpenvorland

Radler zwischen Kirchbichl und Hechenberg

Aktivität: Radtour | Gastronomie: alpenländische Spezialitäten, Schlemmerkochkurse

Inhaber	Aissatou Dramé und Florian Lechner
Küchenchef	Florian Lechner

Adresse	Sonnenlängstraße 26 83623 Hechenberg
Telefon	08027-1008
E-Mail	kontakt@moarwirt.de
Web	www.moarwirt.de
Übernachtung	Ruhige Gästezimmer mit Bad und TV
geöffnet	täglich ab 12 Uhr Ruhetage: April, Okt., Dez. Mo; März Mo/Di; Jan., Feb., Nov. Mo–Mi
Aktionen	Im Winter Kochkurse mit Menü und Getränken für 115 € pro Person
Zum Mitnehmen	Kulinarische Bücher und hausgemachter Fruchtaufstrich im Einwegglas
Schmankerltipp	Hechenberger Salat mit Ziegenkäse und grünem Tomatenconfit (klein 7 €, groß 11 €), hausgemachte Nudeltascherl mit Wildkräuterfüllung und Topinamburschaum (11 €), gebrannte Creme von der Tonkabohne (7 €); 5-Gänge-Überraschungsmenü (ab 39 €)

Besonders schön sitzt man beim Moarwirt im Biergarten.

Geldbeutel scheitert. Abgesehen davon bekommt der Gast kulinarisch reichlich geboten. Das saftige Château Briand aus dem Heu etwa wird direkt am Tisch tranchiert, als Beilagen gibt es eine köstliche Sauce Béarnaise und frisches, bissfestes Landgemüse. Den Gourmetfreunden sei an dieser Stelle das aus fünf Gängen bestehende Überraschungsmenü empfohlen. Jeder Gang offenbart ein neues Geheimnis, vielleicht ist auch der „Ochs vom Nachbarn" dabei. Jedenfalls kann sich der fantasievolle Kochesprit von Florian Lechner hier voll entfalten. Zum Essen wird jeweils ein entsprechender Wein serviert, internationale Tropfen selbstverständlich.

Nach dem Schlemmermenü ist es bis zum Etappenziel Bad Tölz nicht mehr weit. An der Nordseite des *Moarwirts* folgt eine flotte Abfahrt und ein letzter zäher Anstieg nach Kirchbichl; dann rollt man über Ellbach gemütlich in die Kreishauptstadt.

Sauerrahmschmarrn

Zutaten für 4 Personen: 8 Eier (Vollei), 220 g Sauerrahm (Schmand), 70 g Zucker oder Puderzucker, 120 g flüssige Butter, 90 g Wiener Griessler, etwas Salz

Zubereitung: Eier mit Zucker aufschlagen, die restlichen Zutaten zugeben. Wichtig: den Sauerrahm vorsichtig unterheben. Schmarrnmasse in der Pfanne mit Öl und etwas Butter anbraten, dann 10–12 Min. bei 140° im Ofen schmoren.

Schweinefilet im Speckknödelmantel

Aktivität: Ski-Langlauf, Radtour | Gastronomie: gehobene französische Küche

Nouvelle cuisine im Tölzer Land

Ski-Langlauf im Dreieck Schaftlach, Bad Tölz und Sachsenkam

Umrahmt von dicken Laubbäumen liegt die *Moar Alm* auf einem sanften Hügel mit Blick auf Sachsenkam, Kloster Reutberg und das weite Tölzer Land. An diesem privilegierten Ort hat sich Christine Robert, die Enkelin des bekannten Moarbauer von Sachsenkam, als Spitzenköchin französischer Gourmetkost bis weit über die regionalen Grenzen hinaus einen Namen gemacht. Ursprünglich wollte die bodenständige Frau Krankenschwester werden, doch das Liebesschicksal lenkte sie in die kulinarische Bahn. Ihr Mann Jean-Luc, ein französischer Gastronom, hat sich inzwischen zwar zurückgezogen, doch das hält die willensstarke Christine Robert nicht davon ab, mit ihrer exquisiten Küche weiterhin für Furore zu sorgen.

Kochkunst mit Zeit und Hingabe

Kochen ist für sie Leidenschaft und Kunst zugleich, sie schafft sich eine Welt ohne Stress und Hektik. Organisationstalent und Mut zur Verschwendung sind gefragt, um das hohe Niveau zu halten. Qualität verpflichtet, deshalb wählt sie von den einheimischen Bauern und Gärtnern nur das Feinste aus. Und bereitet jedes Gericht voller Raffinesse mit Kräutern und Gewürzen selbst zu. Die

Auch kurz vor Sonnenuntergang ist es für die Langlaufeinheit noch nicht zu spät.

Aktivität: Ski-Langlauf, Radtour | Gastronomie: gehobene französische Küche

Aktivität	Ski-Langlauf
Strecke	14–22 km

Route Rundloipe Sachsenkam – Piesenkam (14 km); am Bahngleis Verbindungsloipe nach Schaftlach (8 km)

Anfahrt

ÖVM Alternativ mit der BOB zum Bahnhof Schaftlach und in Nähe der Tölzer Bahntrasse Querung zur Rundloipe Sachsenkam

Auto A8 München Ausfahrt Holzkirchen, B 13 Richtung Tegernsee Ausfahrt Sachsenkam, durch die Unterführung und Auffahrt *Auberge Moar Alm*.

Charakter Einfaches Loipengelände auf meist freien Wiesen mit Blick auf die Alpenkette. Die Querung nach Schaftlach bietet ein etwas welligeres Streckenprofil und führt phasenweise durch den Wald.

Karte ADFC-RK München/Alpenvorland

Für die sommerliche Radtour empfiehlt sich die 41 km lange Rundtour Holzkirchen – Warngau – Sachsenkam – Kirchseemoor – Kleinhartpenning – Holzkirchen (siehe auch S. 74)

Bouillabaisse etwa, die berühmte Fischsuppe von sechs bis acht Mittelmeerfischen, schmeckt sensationell gut. Alles schmeckt gut. Ein Blick in das Gästebuch im Eingangsbereich der *Moar Alm* genügt, um die Begeisterung einzelner Gäste nachzuvollziehen.

Auch wir genossen die vorzügliche Küche in vollen Zügen: Dattel im Speckmantel und ein Löffel Avocadenmousse in mariniertem Lachs – quel bonheur; Enten-Foie gras mit schwarzem Olivensorbet und Brioche – delicieux; Steinbutt und Chicorée à l`Orange – excellent; Rehrücken mit Kräuterkruste und Preiselbeer-Rotweinsoße, Maronen-Kartoffelflan und Wirsing – superbe; Crème brûlée mit Punschbirne – parfait. Dazu ein Côtes du Rhône AOG E. Guigal Jahrgang 1999 und unser Schlemmerglück war perfekt.

Rehrücken mit Kräuterkruste und Preiselbeer-Rotweinsauce, Maronen-Kartoffelflan und Wirsing

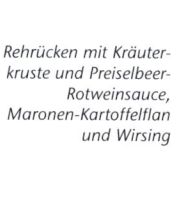

Loipenspaß im Tölzer Land

Einziger Wermutstropfen unseres Gourmetausflugs: Die schöne Almsicht verlor sich an diesem grauen Novembertag im Nirgendwo. An diesem Tag also Schlemmen ohne

Aktiv sein. Doch nachdem die *Moar Alm* direkt am Rand eines schönen Loipengebietes liegt, schlagen wir im Winter den Ski-Langlauf
vor. Im Prinzip kann man sich die Ski bereits an der Aussichtsterrasse
anschnallen und querfeldein den kleinen Hang nach Süden abfahren.
Nach Überqueren der Straße stößt man an der Bundesstraße rasch
auf die gepflegte Rundloipe zwischen Sachsenkam und Piesenkam

und kann dort je nach Sportsgeist
ein oder zwei Runden drehen. Sehr
reizvoll ist auch die Querung nach
Schaftlach am Bahngleis entlang:
Wer fit ist, kann sich hier noch
auf einem 25 Kilometer langen
Rundkurs Richtung Krottenthal
austoben. Im Sommer hingegen
verbindet man die Einkehr in der
Auberge Moar Alm mit einem Ausflug in das Kirchseemoor.

Inhaberin und Küchenchefin	Christine Robert

Adresse	Holzkirchner Straße 14 83679 Sachsenkam
Telefon	0 80 21-55 20
E-Mail	info@moar-alm.de
Web	www.moar-alm.de
geöffnet	Mo ab 18 Uhr, Mi–Fr 12–14 und ab 18–24 Uhr, Sa, So und feiertags 12–24 Uhr.
Aktionen	Christine Robert veran- staltet Koch- und Genießer- kurse, außerdem gibt es Schlemmerabende in Verbindung mit Kunst oder Lesungen. Aktuelle Info unter www.moar-alm.de
Schmankerltipp	Fischsuppe mit Rouille und Croûtons (10 €), Chicoreésalat mit Jakobs- muscheln (16 €), Poulet- brust mit Koriander- Mangofüllung und Ingwer-Honigsauce (18,50 €), Gâteau au chocolat mit Zitrone- grassahne (10 €)

Himbeeren im Sektgelee und Marzipanmantel mit Minzsauce

Zutaten:
*Fruchtgelee: 300 g Himbeeren, 1/2 Flasche Sekt oder Champagner,
1 EL Himbeergeist, 6 Blatt Gelatine;*

Marzipanmantel: 150 g Marzipanrohmasse, 50 g Puderzucker;

*Minzsauce: 2 Eigelb, 50 g Zucker, 200 ml Milch, 20 g Pistazienpaste,
10 Blätter Minze, 1 cl Minzlikör.*

Zubereitung:
Für das Gelee eine kleine Terrinenform mit Klarsichtfolie auslegen und
eine Lage geputzter Himbeeren hineinschichten. Sekt und Himbeergeist
mischen. 50 ml davon erwärmen und die vorgeweichte Gelatine darin
auflösen. Unter den Sekt rühren. Die Himbeeren mit dem Gelee bedecken.
Die Form ein paar Mal aufstoßen, um vorhandene Luftblasen zu lösen.
Kühl stellen. Wenn das Gelee fest ist, Himbeeren einschichten und mit
dem Aspik auffüllen. Wieder kaltstellen und dann mit den restlichen
Beeren den Vorgang wiederholen. 4–5 Std. kühlen.

Für den Marzipanmantel die Marzipanrohmasse mit dem Puderzucker
verkneten und zu einer Platte ausrollen, die groß genug ist, die Sülze
zu umhüllen. Die Seiten mit dem Teigschaber gerade schneiden, das
Beerengelee darauf stürzen und in den Marzipanmantel hüllen.

Für die Minzsauce Eigelb mit Zucker schaumig rühren. Milch und Minze
aufkochen und langsam in die Eiermasse einrühren, Pistazienpastete
dazugeben. Eiermilch im Wasserbad zur Rose abziehen, Minzsauce
durchsieben und mit Minzlikör verfeinern.

Zum Anrichten das in den Marzipanmantel gehüllte Gelee in Scheiben
schneiden, mit der Minzsauce umgießen und mit einigen frischen
Himbeeren garnieren.

Aktivität: Radtour | Gastronomie: gehobene französische Küche

Die Ruhe, der Wein, der Genuss

Radrundtour im und über dem Isartal

Endlich ein Franzose, ein Solitär in diesem Buch. Selbst die Freunde deftiger bayerischer Küche werden an dieser Stelle aufhorchen, denn dass unsere Nachbarn etwas von gutem Essen verstehen, ist wohlbekannt. Und wer wie der Autor eine frankophile Ader hat, dessen Herz schlägt ob der bonne cuisine im *L'Estragon* noch ein bisschen höher. Dieser verheißungsvolle Klang von Mi-Cuit chocolat, auch wenn dieses köstliche Dessert nicht immer auf der Speisekarte steht. Diese filigrane Leichtigkeit französischer Esskultur. Zudem schafft Christophe Trichard mit seinem Charme auf Anhieb eine Wohlfühl-atmosphäre, sei es im schönen Biergarten oder im hellen, freundlichen Innenraum mit den dezenten Spiegeln an den Wänden.

Zwei Flüsse und ein Moorsee

Pferdekoppel bei Großdingharting

Zum Essensgenuss im *L'Estragon* passt die gemütliche Radtour durch das Isartal, das man vom Schäftlarner Bahnhof nach Überqueren der Wolfratshauser Straße nach genussvoller Abfahrt am Kloster Schäftlarn vorbei erreicht. Etwas oberhalb des *Brucken-fischers* wird nach der Isar auch der Isarwerkkanal auf der Auto-brücke überquert. Dann geht es rechts unterhalb des Damms in Richtung Süden. Beim *Gasthaus Aumühle* halten wir uns rechts und fahren weiter am Damm entlang.

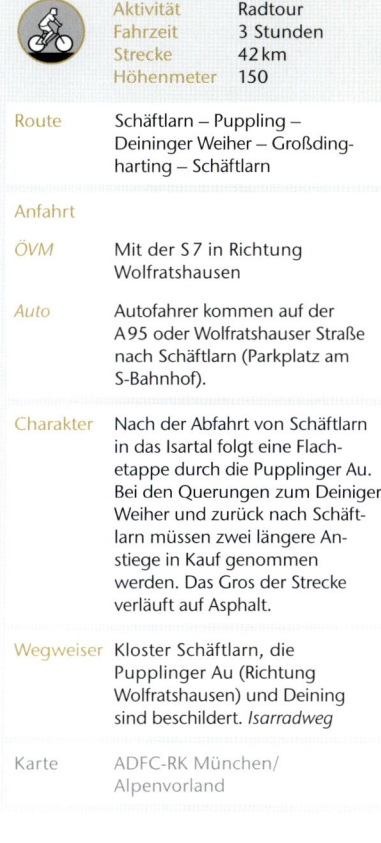

	Aktivität	Radtour
	Fahrzeit	3 Stunden
	Strecke	42 km
	Höhenmeter	150

Route	Schäftlarn – Puppling – Deininger Weiher – Großding-harting – Schäftlarn

Anfahrt

ÖVM	Mit der S7 in Richtung Wolfratshausen
Auto	Autofahrer kommen auf der A95 oder Wolfratshauser Straße nach Schäftlarn (Parkplatz am S-Bahnhof).

Charakter	Nach der Abfahrt von Schäftlarn in das Isartal folgt eine Flach-etappe durch die Pupplinger Au. Bei den Querungen zum Deininger Weiher und zurück nach Schäft-larn müssen zwei längere An-stiege in Kauf genommen werden. Das Gros der Strecke verläuft auf Asphalt.
Wegweiser	Kloster Schäftlarn, die Pupplinger Au (Richtung Wolfratshausen) und Deining sind beschildert. *Isarradweg*
Karte	ADFC-RK München/ Alpenvorland

Hinter dem Ickinger Stauwehr erstreckt sich das Naturschutz-gebiet Pupplinger Au auf gut 50 Quadratkilometern. In diesem Bereich mündet die Loisach in die Isar. Die beiden Flüsse bringen neben reichlich Schutt auch die alpine Flora mit in das Alpenvor-land, die auf den einladenden Kiesbänken prächtig gedeiht. Das Mündungsdelta ist ein Eldorado für Erholungssuchende. Auf dem

Das Isarbett beim Bruckenfischer wird auf unserer Tour gleich zweimal überquert.

Inhaber	Christophe Trichard
Küchenchef	Luis Delgado
Adresse	Riedweg 15 82064 Straßlach-Dingharting
Telefon	08170-214
Web	www.lestragon.de
geöffnet	Mo, Di, Do, Fr 11.30–14 und 18–24 Uhr Sa, So und feiertags 12–1 Uhr, Mi Ruhetag
Schmankerltipp	Crème brûlée von Foie Gras mit Zwiebelconfiture (9,50 €), Seeteufel-Medaillon mit Safransauce (19,50 €), Perlhuhnbrust mit Roquefortsauce (19 €), Mi-Cuit au Chocolat mit Crème Anglaise (5 €), Mittagsmenüs inkl. Espresso (9 €)

schnurgeraden Teerweg durch den lichten Kiefernwald erspäht der Radler einen Stichweg zum Isarufer, wo er die einzigartige Landschaft in Ruhe auf sich wirken lassen kann.

In Puppling biegt man hinter dem *Gasthaus Aujäger* in den Radweg, der steil entlang der Bundesstraße hochzieht. Dann folgt die Abzweigung nach Ergertshausen: Nicht auf dem Teerweg in den

Riedhof steuern (Sackgasse), sondern auf dem breiten Kiesweg mitten durch die gepflegte Golfanlage in den Ort. Dort fährt man auf der Landstraße nach Deining und am Ortsende

Sommerliche Gartenstimmung beim L'Estragon

Ziegenkäse En Aumonière im Reisteigmantel auf Salat

auf der rechts abzweigenden Talstraße in die kleine Talsenke. Hier zweigt wiederum rechts die Weiherstraße zum Deininger Weiher ab, dessen Moorwasser zum Baden einlädt. Hinter dem See muss eine Steigung von zwölf Prozent in Angriff genommen werden, bevor es über Großdingharting nach Ödenpullach geht. Am Ende der Lichtung folgt man links dem Ziegelstadlweg und wenig später halb rechts dem Forstweg bis zum Radweg *Via Alpina*. Hier links und wiederum schräg rechts in den Reitweg, bevor es links durch den Wald an der *Entenalm* vorbei zum *L'Estragon* geht.

Küche voller Esprit und Raffinesse

Im *L'Estragon* zu tafeln ist ein Hochgenuss, zumal die Küche hält, was sie verspricht. Bei der Entenbrust mit Balsamicosauce etwa zergehen das zarte Fleisch sowie Kartoffelgratin und der feine Broccoli auf der Zunge; jedes Produkt entfaltet seinen eigenen, unverwechsel-

baren Geschmack. Gleiches gilt für das pochierte Zanderfilet mit Sauerampfersauce und Gemüse Julienne. Und den Ziegenkäse En Aumonière mit Safran-Tomaten-Confit, den wir als Vorspeise genießen durften. Der Küchenchef Luis Delgado verwendet nur frische Produkte der jeweiligen Saison und das schmeckt man auch. Zum Essen passt ein guter Tropfen Wein; auf der Weinkarte stehen 130 Sorten zur Auswahl, darunter echte Klassiker aus den Gebieten Loire, Medoc, Saint Emilion und Bourgogne. Hervorragend mundeten uns die Bordeaux Entre de mers und Merlot Tutiac. Wer dennoch lieber alkoholfrei bleibt, dem sei an dieser Stelle die erfrischende Rhabarber-Schorle ans Herz gelegt.

Für das Dessert lohnt noch einmal der Blick auf die Speisekarte, spannend die Frage, ob Mi-Cuit au Chocolat im Angebot ist. Dieses halb gekochte Schokoladenteil ist außen hart und innen flüssig und warm. Eine kleine Sensation, als ob im erkalteten Lavatunnel auf einmal heiße Magma zu fließen begänne. Madame Binoche jeden-falls hätte dieses phänomenale Süßteil im Kinokultfilm „Chocolat" nicht besser zubereiten können.

Nach der Einkehr gelangen wir nach Überqueren der Bundes-straße auf der Frundsbergstraße zum Isarradweg, der uns an *Mühle* und *Bruckenfischer* vorbei zurück zum Ausgangsort führt.

Poularde aux Gambas et Sauce Curry-Noix de Coco
Poulardenbrust an Gambas mit Curry-Kokos-Sauce

Zutaten *für 4 Personen: 4 Hähnchen-brüste, 8 Gambas, 1 Zwiebel, 3 Kno-blauchzehen, 3 TL gelber Curry (z.B. Madras), 10 frische Tomaten, 1/4 l Kokos-milch, 180 g Basmatireis, 3 Zucchini, 3 Karotten, 2 Lauchstangen, Basilikum, 2 EL Sojasauce, 3 cl Olivenöl.*

Zubereitung: *Zucchini, Karotten und Lauch waschen, schälen und in lange dünne Streifen schneiden. Reis kochen. Für die Sauce Zwiebeln mit 2 Knob-lauchzehen und Butter goldgelb an-braten, erst Curry, dann Tomaten und 25 cl Wasser zugeben, das ganze köcheln, bis die Zwiebeln gar sind, Kokosmilch zugeben, alles pürieren. Die Poularde und die Gambas in einer Pfanne anbraten, nach ca. 5 Min. die Sauce dazugeben. In einem warmen Wok Olivenöl und Gemüse garen, die Sojasauce, den Reis sowie den klein geschnittenen Basilikum und die Knoblauchzehen zugeben. Auf einem Teller das Gemüse mit dem Reis an-richten, Hähnchenfleisch und Gambas darauf legen und die Sauce rundher-um verteilen.*

Mi-Cuit au Chocolat ist ein absolutes Muss für alle Schokoladen-Fetischisten.

Index

A

Achensee 27, 106
Alpenblick 90
Alte Linde 46
Altes Bad 112
Ambach 42
Arzbach 81
Aschbach 129
Aschering 46
Attel 136
Aying 126

B

Bad Aibling 140
Bad Tölz 78, 148
Benediktbeuern 84, 87
Benediktenwand 81
Bernried 58
Beuerberg 68
Blomberg 78
Bodenschneid 12
Breitenstein 119
Bruckenfischer 62
Buchheim Museum 58
Buchsee 65

D

Deininger Weiher 154
Dietramszell 71
Dorwirt 106

E

Egling 62
Eurasburg 68

F

Feldkirchen-Westerham 122, 129
Fischbachau 109
Fischerstüberl 136
Fischerwirt 87
Flintsbach 14
Forsthaus Kasten 38
Freising 132
Frieding 54

G

Garmisch-Partenkirchen 24, 103
Gauting 38
Gindelalmschneid 116
Gmund am Tegernsee 116
Gschwandtnerbauer 24

H

Halleranger Alm 34
Harthaus 38
Heigel-Kopf 78

Hennererhof 12
Herrsching 50, 54
Hochiss 27
Höllriegelskreuth 62
Hohe Asten 14
Holzkirchen 74, 129
Holzolling 122
Huber am See 42

I

Inntal 136, 140
Irschenhausen 65
Isartal 34, 62, 132, 154
Ismaning 132

J

Jachenau 100
Jägerwirt 74

K

Kala-Alm 30
Kalteis 140
Kargl 97
Kirchsee 74
Klais 103
Klosterschänke 71
Klosterstüberl 109
Kochelsee 87
Kreuzmair 122

L

L'Estragon 154
Leitzachtal 109, 119
Leutstetten 38, 42
Loisachtal 68, 84

M

Maisinger See 46
Maiwerts Fährhütte 144
Mangfalltal 122
Maurach 27
Moar Alm 151
Moarwirt 148
Murnau 90, 97

O

Obere Wirt zum Queri 54
Oberwarngau 8
Ostermünchen 140
Ostiner Stuben 116
Otterfing 71

P

Peiß 122
Pendling 30
Penzberg 84

Pertisau 106
Planegg 38
Pupplinger Au 148, 154

R

Raabe am See 50
Rehleitenkopf 14
Rittergütl 65
Rofan 27
Rosenheim 140
Roßstein 18
Rottach-Egern 21, 144

S

Sachsenkam 74, 151
Sauerlach 129
Saulgrub 94, 97
Schäftlarn 62, 65, 148, 154
Scharnitz 34
Schildenstein 112
Schliersee 12
Schmiedwirt 119
Schönmühl 84
Schweizer Wirt 81
Seebergspitze 106
Setzberg 21
Sonnenhof 103
Speckkar-Spitze 34
Sprengenöder Alm 68
Starnberger See 42, 58
Staffelsee 90, 97
Steinebach 50
Straßlach 155

T

Taubenberg 8
Tegernseer Hütte 18
Thiersee 30
Tölzer Schießstätte 78

U

Uffing 90, 97
Unternogg 94

W

Walchensee 100
Wallbergmoosalm 21
Wank 24
Wasserburg 136
Weißach 144
Weßlinger See 50
Widdersberg 54
Wildbad Kreuth 18, 112
Wörthsee 50
Würmtal 38

Z

Zum Wilden Hund 54
Zur Mühle 132
Zur Post 100
Zwiesel 78

Sämtliche Tourenvorschläge und Gastronomien wurden von den Herausgebern sorgfältigst recherchiert. Für die Richtigkeit der Angaben kann jedoch keine Haftung übernommen werden. Hinweise und Anregungen sind jederzeit willkommen. Wir freuen uns auf Ihre Zuschrift.

Impressum

frischluft | edition GBR
E-Mail   info@frischluftedition.de
Web   www.frischluftedition.de

Autor: Michael Reimer
Layout: Katrin Susanne Baur
Druck / Repro: Lanadruck GmbH

ISBN 978-3-9810890-5-9

3. Auflage: © 2008 frischluft | edition, Verlag GbR
Alle Rechte vorbehalten.

Bildnachweis

Katrin Susanne Baur:
S.3,8,9,10,13(2),20u,29u,32,33o,41(2),42,80o,96u,108u,114r, 115u,125l,129,148,150o,153r,156u

Michael Reimer:
U1(4),U4(3),S.2,7,11,12,13r,14,16(2),17(2),18,19,20o,21,23(2),24, 25,26(2),27,28,29(2),30,33u,34,35,36(2),37,38,39,40r,41m,42, 44(2),45,46,47,48(2),49o,50,51(2),52u,53l,54(2),55,56(3),57(3), 58,59,60,61(4),62,63(2),64(2),65,66,67(2),68,70(3),71,72,73(2), 74,75,76(2),77,78,80(2),81,82(2),84(2),85,86r, 87,88,89r,90,91, 92(2), 93,95,96o,97,98,99,100,101,102,103,104,105u,106,107, 108o,109,110,111(3),112,113,114l,115o,116,117,118(2),119,120, 121(3),122,123,124(3),125r,126,128u,132,134(2),135,136,137,140, 141,143,144,145,146u,149,151,152,153l,154,155,157

Alpenblick: S.92l, Aschbach: S.130,131, Brauereigasthof Aying: S.128o, Martina Dinzler: S.36u, Fischerstüberl: S.138(2),139(2), Fischerwirt: S.89o, Forsthaus Kasten: S.40l, Kalteis: S.142(2), L`Estragon: S.156o, Maiwerts Fährhütte: S.146l,147(2), Moarwirt: S.150(2), Ostiner Stuben: S.118(2), Raabe am See: S.52o,53r, Schönmühl: S.86(2), Schweizer Wirt: S.83(2), Skischule Beuerberg: S.69, Sonnenhof: S.105(2), Wallbergmoosalm: S.23o